JN125104

The Virtue of Selfishness
A New Concept of Egoism
Ayn Rand

セルフィッシュネス

SELFISHNESS

自分の価値を実現する

アイン・ランド 著　田村 洋一 監訳
オブジェクティビズム研究会 訳

SELFISHNESS

自分の価値を実現する

◇本書の時制は一九六四年刊行時の記載をそのまま用いています。
◇権利者の承諾を得たうえで、原著にはない見出しを追加しました。
◇本文に出てくる引用の訳はすべて本書の訳者によるものです。

倫理的生き方の新しい可能性

本書はアイン・ランドの哲学オブジェクティビズム（客観主義）の目玉である倫理的利己主義についてのエッセイ集です。

人がよく生きるためには自分のために生きなくてはならない、そしてそのために必要となる自由な社会がどのようなものか、が詳しく紹介されています。

アイン・ランド哲学が昨今話題の自由至上主義（リバタリアニズム）や功利主義（ユーティリタリアニズム）とは全くの別物であることや、利己的に生きるということが自分勝手なわがままではなく、真に自由な独立した個人の豊かな人生を可能にする出発点であることが本書によって明らかになります。

そしてアイン・ランドが思い描いた自由な社会のビジョンがどんなものか、なぜ自由な社会が個人の幸福や成功を可能にするのか、なぜ現代社会が不合理で不自由なのか、不合理な社会で人が合理的に生きるにはどうしたらいいのか、が様々な角度から明らかになっていきます。

私がアメリカの書店でアイン・ランドを発見したのは今から約三十年前のことです。その頃すでにアイン・ランドが他界して十年の月日が経っていました。

当時二十代だった私は、

「人間はどう生きるべきなのか」
「私たちの社会はどうあるべきなのか」
「ビジネスで金を儲けるのはいいことなのか」
「政治によって世の中を変えることはできるのか」
「社会や人生を客観的に論じ合うことができるのか」

などの根本的な疑問に明快な答えを見出せないまま、日々の仕事や生活に忙殺されていました。

アイン・ランドの哲学は、こうした疑問にはっきり答えるばかりでなく、哲学的に問いを立てる方法そのものを教えてくれたのです。

アイン・ランドの哲学はラディカルです。私はアイン・ランドを読む前に古今東西のさまざまな思想に触れていましたが、オブジェクティビズムのように包括的・網羅的・総合的な哲学に出会ったことがありません。そして、ここまで徹底して矛盾のない個人主義・資本主義の思想は未だかつて他に存在しないのです。

また、アイン・ランドの哲学は現実的です。それは今の世の中と折り合いをつけて妥協した人生を送ることとは正反対です。人間が人間らしく生きるというのはどういうことなのか、その根源までさかのぼり、あらゆる事実に基づいて論理的に展開され、体系化された哲学です。その結果、アイン・ランドは現代社会の錯誤や邪悪を容赦なく糾弾し、新しい社会や新しい生き方を驚くほど整然と提案しています。

本書の原題は *The Virtue of Selfishness* となっています。セルフィッシュ、つまり自分自身のために生きることの美徳を説いているのです。

これは「自分のために生きても構わない」という意味ではありません。「自分のために生きることこそ、人間が人間らしく生きることであり、唯一倫理的に優れた生き方だ」とアイン・ランドは断言しているのです。これは単なる彼女の主観的な意見ではありません。長い歴史の中に立ち現れる現実の観察に基づき、透徹したロジックによって有無を言わさぬ立証がなされています。

日本でも、アメリカでも、ロシアでも、アフリカでも、世界のどこに行っても、この考え方は異端そのものです。歴史上のどの時代にあっても、人は自分のために生きるのではなく、誰かのために生きるべきだ、というのが社会の主流の考え方です。人は家族のために、仲間や友人のために、社会全体のために、神のために、未来の子孫のために生きるべきだというのが世間の常識です。

アイン・ランドは、この世間の常識を真っ向から否定しています。人間が利己的でなければ優れた文明も豊かな人生もありえないのだと論証します。これは多くのアーティストやアスリートにとっては経験的真実かもしれません。しかし世間の知識人のほとんどにとって受け入れがたい結論です。

そして最も重要なことに、アイン・ランドの哲学は極めて実践的であり、驚くほど実用的です。学術的な机上の空論ではなく、現実に人が生きる上で必要な具体的ガイドラインを提示しています。アイン・ランドの哲学を自分の人生に取り入れた世界中のたくさんの人々がそれを実証しています。曇りのない目で現実を見据え、揺るぎなく生きることが可能になるのです。アイン・ランドの宗教嫌いは有名です。宗教は「これを信じよ」と教義を明示してきます。アイン・ランドは「私の言うことを鵜呑みにしないで、現実を見て確かめて」と言ってきます。アイン・ランドに言わせれば、宗教は未熟な原始的哲学であり、ある段階で現実を見ることをやめ、教義に頼って世界を理解することにした人たちが宗教を信仰することになるというのです。

アイン・ランドの哲学は、言うまでもなく、宗教ではありません。アイン・ランドの教えは宗教の正反対で、自分で考えるための方法です。神はいません。教義や教典はありません。信仰もありません。現実を見て、理性によって一から考え、考えたことを行動に移し、自分で確かめるしかないのです。

読者の皆さんは、本書を読み、その内容を理解し、「本当にそうなのだろうか」と疑問を持ち、現実を新たな目で見つめ直すことになるでしょう。そして私のように、「いろいろ疑ってみたが、いまだにアイン・ランド哲学を否定することができない」という結論に至るかもしれません。

私自身はアメリカでアイン・ランド哲学に出会い、本書が詳しく解説する倫理学を中心に、その基礎となる形而上学・認識論を学び、その発展形である政治学・美学を学び、その過激さ・現実性・実用性にすっかり魅了されてきました。

ここで哲学の用語に馴染みのない読者のために、形而上学・認識論・倫理学・政治学という言葉をアイン・ランドがどういう意味で使っているのかを簡単に紹介しておきます。

形而上学とは「世界はどうなっているのか」という問いに対する答えであり、認識論は「その世界を我々人間はどうやって知ることができるのか」という問いに対する答えです。倫理学は「人はその世界でどう生きるべきなのか」という問いに対する答えです（本書において倫理と道徳という言葉は同じ意味で使われています）。そして政治学は「人が倫理的に生きることを可能にする社会はどうあるべきか」という問いに対する答えです。

もともと考えることが三度の飯より好きだった私は、何年も何十年もかけてオブジェクティビズムについて考え、実験し、ささやかな反証も試みてきました。三十年経った今、私はまだ反証に成功していないばかりか、アイン・ランドの説く美徳はすっかり私自身の血や肉となり、もはやアイン・ランドを知らなかった自分には戻ることができません。

自分の利害を大切にすること、人間関係が自由に基づく取引であること、自分の提供する価値と他者の提供する価値との正当な交換によってビジネスが成り立ち、儲けが生まれ、社会が繁栄し、人が豊かに暮らせること、など、私の中に根づいた確信は、こうして挙げていけばきりがないほどです。

合理的な価値観を持ち、客観的に判断を下し、倫理的な自己利益のために行動することで、人生も仕事も大きく変化していきます。不確実で不透明なことが多い現代社会を観察し、自分の志に確信を持って生きていくことができ、自分自身にとって大切な価値を実現することによって持続的で安定した幸福が可能になります。

ただし、それは必ずしも楽な道ではありません。世間が何と言おうと自分の眼で見て判断し、自分にも他人にも不道徳を許さず、首尾一貫した言動を保ち、間違ったときは素直に認め、常に現実から学び続ける姿勢が必要です。そして何より、自分自身の利益とは何か、自分はこの世界で何を創造したいのかを、倦まず弛まず追い求める姿勢が必要です。

人生の迷いの中で本書を読んだことは私にとって大きな出発点になりました。同じように、自分の頭で物を考え、現実に立脚して人生を切り開く読者にとって素晴らしい可能性の入り口になることを心から祈っています。オブジェクティビズムという知的冒険の旅へ、ようこそ。

田村洋一

二〇二一年二月二日
アイン・ランドの誕生日に

もくじ

はじめに *Introduction*

「どうして『セルフィッシュ（利己的）』なんていう言葉を、人の立派さを表すのに使うんです？あなたの言う意味を理解できない多くの人たちを敵に回すばかりだというのに」。この本のタイトルを見て、そんな質問をしたくなる人もいるかもしれません。よくされる質問です。

この質問にはこう答えましょう。「だからこそ、この言葉を使うのです」

その一方で、「こんな質問をしたくなるのは、道徳的に臆病だからだ」ということにうすうす気づいて、あえて口を閉ざしている人もいるでしょう。それでいながら、どうして私がこの言葉を使うのかはっきりわからない人もいるでしょう。この質問にはある重大な道徳問題が関わっているのですが、そのことを見抜けない人もいるでしょう。このような人には、もっとていねいな説明をしたいと思います。

これは単なる言葉の意味の問題ではありません。人の好き勝手に任せてよい問題でもありません。多くの人が「セルフィッシュネス」という言葉に与えている意味は、単に間違っているだけではありません。この間違った使いかたの裏には、人類の道徳的進歩を妨げた最大の要因である、あるひどい不正が隠れています。

一般に「セルフィッシュネス」という言葉は、悪と同じ意味で使われています。この言葉からイメージされるのは、自分の目的を達成するために他人の死体の山を踏みつけて進む、残忍な獣(けだもの)です。他の生きもののことなどいっさいかまわず、その時々の自分の欲望を満たそうとする獣です。

しかし「セルフィッシュネス」という言葉の正しい意味は、「自分の利益を重んじること」です。この概念自体に、道徳上の評価は含まれません。「自分の利益を重んじることは善なのか、それとも悪なのか」という問いへの答えは、セルフィッシュネスという言葉からは出てきません。「人の利益は、実際はどんな要素で成り立つのか」という問いへの答えも、セルフィッシュネスという言葉からは出てきません。これらの問いに答えるのは、倫理学の仕事です。

これらの問いへの答えとして、利他主義の倫理学が作り上げたのが、あの獣のイメージでした。その目的は、二つの非人間的な教えを人々に受け入れさせることでした。一つ目は、自分の利益を重んじることは、どんな利益であれ悪であるという教えです。二つ目は、獣の行動は、(利他主義では隣人のために放棄しなければならないとされる)本人の利益に実際にかなうという教えです。

利他主義の性質、帰結、そしてそれがもたらす道徳的腐敗の深刻さについては、『肩をすくめるアトラス』を読んでください。あるいは、最近の新聞の見出しをどれでも読んでみることです。ここで問題にするのは、倫理の分野での利他主義の破綻です。

利他主義は、㈠「価値とは何か」㈡「誰が価値の恩恵を受けるべきか」という二つの問いを一緒くたにし、前者を後者ですり替えてしまいます。それによって道徳価値体系を定義することを避け、実質的に人から道徳的指針を奪っているのです。

利他主義はこう宣言します。「他人のためにする行動は、すべて善だ。自分のためにする行動は、すべて悪だ」。つまり、誰が行為の受益者かだけが道徳の基準なのです。利益を得るのが自分以外でありさえすれば、どんな行為も許されるというわけです。

その結果、人類の歴史を通じて、さまざまに形を変えた利他主義倫理のもと、ぞっとするほどの不道徳、慢性的な不正義、グロテスクなダブルスタンダード、解決不能な対立と矛盾が人間関係と人間社会の特徴になってきたのです。

今日まかり通っている道徳評価が、どれほど醜悪か見てください。富を築く実業家も、銀行を襲うギャングも、等しく不道徳と見なされています。どちらも「利己的な」利益のために富を追求するからです。親の介護のために出世をあきらめて、雑貨屋の店員以上の地位を求めないことにした若者は、苦しい努力に耐えて自分の志を達成する若者よりも、道徳的に優れていると見なされています。独裁者は道徳的と見なされています。独裁者が暴虐の限りを尽くしたのは、自分ではなく「人民」の利益のためだったから、というのがその理由です。

このような利他主義の道徳が、個人の生きかたにどんな影響を与えているか見てください。人がまず学ぶのは、「道徳は自分の敵だ」「道徳から自分が得られるものは何もない。自分は失うばかりだ」「道徳に期待できるのは、自分で招く損失と苦痛、そして憂鬱で理解不能な重苦しい義務だけだ」ということです。他人のために自分がいやいや犠牲になるのと同じように、自分のために他人が犠牲になってくれることも、ときには期待できるかもしれません。しかしこのような関係がもたらすのは、互いの喜びではなく、互いの憤りです。利他主義の道徳では、相手が欲しがってもいなければ選んでもいない、そして自分自身のために買うことは道徳上許されないクリスマスプレゼントの交換のようなものが、道徳的な価値追求ということにされます。利他主義の道徳では、自分自身をなんとか犠牲にするとき以外、自分に道徳上の重要性はまったくありません。道徳は、自分のことを認識しないのです。自分の人生の重大問題に関して指針になることを、道徳は何も提供しません。自分の人生の問題は個人的な、私的な、「利己的な」問題で、それゆえ悪ということにされます。あるいはせいぜい、道徳とは無関係なこととされます。

人間は、自動的に生きる術を自然から与えられていません。人間は、自分のいのちを自分の努力で維持しなければなりません。だから、自分の利益を重んじることは悪だという教えが意味するのは、人間の「生きたい」という欲望は悪だということです。人間のいのちはそれ自体が悪だということです。これ以上邪悪な教えはあり得ません。

ところが、これこそが利他主義の意味なのです。実業家をギャングと同等に見ることからも、それはわかるでしょう。生産することが自分の利益になると考える人と、強盗することが自分の利益になると考える人のあいだには、道徳的に根本的な違いがあります。強盗犯が悪いのは、自分の利益を追求するからではありません。自分の利益にかなうと考える行為の内容がおかしいからです。自分にとっての価値を追求するからではありません。選んだ価値の内容がおかしいからです。生きることを望んでいるからではありません。人間未満の水準で生きることを望んでいるからです（第一章「オブジェクティビズム倫理学」を参照してください）。

私が使う「セルフィッシュネス」の意味がもし一般的な意味と違うなら、そのこと自体が、利他主義の重大な罪を暴いています。その罪とは、利他主義が自立自尊の人という概念を認めないことです。つまり、自分も他人も犠牲にせず、自分の努力で生き抜く人という概念を認めないことです。生贄と生贄へのたかり屋以外の人間観を、つまり犠牲者と寄生者以外の人間観を認めないことです。人間どうしの善意に基づく共存という概念を、つまり正義という概念を認めないことです。

今日ではたいていの人が、冷笑と罪悪感のごった煮にまみれて生きています。なぜこんなことになっているのでしょう？　その理由はこうです。冷笑は、彼らが利他主義の道徳を実践していないし、受け入れてもいないからです。罪悪感は、彼らが利他主義の道徳を勇気をもって否認しないからです。

これほど破壊的な悪に立ち向かうためには、その根本原理に立ち向かわなければなりません。人間と道徳性を回復させるには、セルフィッシュネスという概念を回復させなければなりません。

その第一歩は、道徳的に生きる権利を人間の権利として主張することです。つまり、人は自分の人生の道筋を正しく選ぶためにも、自分自身の人生を成就するためにも、よりどころになる道徳律を必要としているという事実を認めることです。

合理的な道徳とはどのようなもので、その正当性をどう証明できるのかについては、このあとに続く私の講演「オブジェクティビズム倫理学」でアウトラインを示しました。なぜ人は道徳律を必要とするのかが理解できれば、道徳の目的が人間にとって適切な価値と利益を定義することであることも、道徳的に生きる上で自分の利益を重んじることが不可欠であることも、人が自分自身の行為の受益者でなければならないことも理解できるでしょう。

あらゆる価値は、人々の行為によって獲得され、維持されなければなりません。ですから、行為の主体とその受益者を切り離せば、一つの不正義が必然化します。その不正義とは、一部の人たちが、別の人たちの犠牲にされることです。行動する人たちが、行動しない人たちの犠牲にされることです。道徳が、不道徳の犠牲にされることです。このような切り離しは、絶対に正当化できません。

「誰が行為の利益を得るのが、道徳的に正しいか」という問いは、道徳全体の中で入り口の問題に過ぎません。利他主義がそうしてきたように、この問いに対する答えを道徳そのものに代えたり、道徳の基準にしたりすることはできません。また、この問いに対する答えは、道徳の根本原理でもありません。この問いに対する答えは、道徳体系の根本になる前提から導き出し、立証しなければならないものです。

オブジェクティビズム（客観主義）倫理学では、人が行動するときには常に自分自身がその行動の受益者でなくてはならず、自分自身の合理的自己利益のために行動しなくてはならないとしています。しかし、そうする権利は、人の本来の人間的性質と、人が生きる上での道徳的価値の機能とから生ずるものであり、したがってここでいう自己利益とは、合理的かつ客観的に実証可能な道徳原則によって定義・決定されるものに限定されるのです。これは「好き勝手にしていい」という免罪符ではなく、利他主義者がイメージする「わがままな」獣や不合理な感情・衝動・願望・気まぐれによって動かされる人間には当てはまらないものです。

わざわざこれを書いたのは、自分の利益のために行うならどんな行動でもすべて善だと信じている、いわゆる「ニーチェ主義的」エゴイストたちへの警告としてです。彼らは、いわば利他主義道徳の産物です。彼らは、利他主義のコインの裏側を見せているのです。自分の不合理な欲望が満たされるかどうかは、道徳の基準にはなりません。それは、他人の不合理な欲望が満たされるかどうかが道徳の基準にならないのと同じことです。道徳は、気まぐれどうしの序列を決めるコンテストではありません（ブランデン氏による章「似非（えせ）個人主義」および「誰もがセルフィッシュでは？」を参照してください）。

同様の間違いは、人は自分の独立判断に導かれるのだから、どんな行動を選択しても自分で選んでいれば道徳的だ、という考えです。自分で独立した判断を下すことは行動を選択する際の手段ですが、それは道徳基準でもなければ、道徳的正しさを実証するものでもありません。明白な原則によらずに選択の正しさを実証することはできないのです。

人は行き当たりばったりの方法では生き残れません。生きるために必要なさまざまな原則を、人は発見して実践しなければなりません。同じように、何が自分の利益かは、その時々の自分の欲望や気まぐれでは判断できないのです。合理的な原則に基づかなければ、人は自分にとっての利益を発見することも、実現することもできません。オブジェクティビズム倫理学が合理的な自己利益の道徳であり、合理的なセルフィッシュネスの道徳だというのは、こういうわけなのです。

セルフィッシュネスとは「自分の利益を重んじること」ですから、オブジェクティビズム倫理学ではこの概念を本来の純粋な意味で使います。この概念を、人類の敵たちにゆだねるわけにはいきません。無知で不合理な人たちの、愚かしい誤解や歪曲や偏見や恐怖にゆだねるわけにはいきません。セルフィッシュネスへの攻撃は、人間の自尊心への攻撃です。セルフィッシュネスを譲り渡せば、自尊心も譲り渡すことになります。

最後に、この本の成り立ちについてひと言。第一章の講演を除き、この本は『オブジェクティビスト・ニューズレター』誌に掲載されたエッセイをまとめたものです。『オブジェクティビスト・ニューズレター』はナサニエル・ブランデンと私が編集・発行する月刊の思想誌で、今日の文化におけるさまざまな問題にオブジェクティビズム哲学を適用して論じています。日々の事象について、哲学的な抽象論とジャーナリズム的な具体論のあいだのレベルの論考を行う雑誌です。体系的で一貫性ある思考の枠組みを提供することが、この月刊誌の目的です。

この本は、倫理学を体系的に論じた本ではありません。倫理に関して、今日論じる必要性が高いテーマのエッセイを集めたものです。つまりこの本では、利他主義の影響で人々が特に混乱している諸問題を扱っています。タイトルが質問形式になっている章がいくつかあります。これらは読者からの質問に答えるコーナー「知の兵站部(へいたんぶ)」に掲載されたものです。

――アイン・ランド

ニューヨーク、一九六四年九月

追記　ナサニエル・ブランデンはすでに私とも私の哲学とも『オブジェクティビスト』誌（旧『オブジェクティビスト・ニューズレター』誌）とも無関係です。

――アイン・ランド

ニューヨーク、一九七〇年十一月

第一章

オブジェクティビズム倫理学

The Objectivist Ethics

アイン・ランド

今日お話しするのは、オブジェクティビズムの倫理学についてです。[*1] ですから最初に、この倫理学を最も体現する人物の言葉を引用しましょう。小説『肩をすくめるアトラス』のジョン・ゴールトです。滅亡していく世界の人々に向けて、ジョン・ゴールトがラジオ放送で行った演説の一節です。

この世界では、もう何世紀にもわたって災(わざわ)いが続いています。みなさんはこのありさまに、こう叫び続けてきました。「道徳はすっかりすたれてしまった。災いが続くのは、道徳が破壊されたことへの罰なんだ。人間は弱く、あまりにも利己的で、流すべき血を流さなかったんだ」。みなさんは人間を呪い、存在を呪い、この地球を呪いました。でもみなさんは、みなさんが言う「道徳」について疑ってみることは、一度もありませんでした。実のところ、この世界に災いをもたらしてきたのは、みなさんの「道徳」だったのです。（……）みなさんはこう叫び続けました。「人間はもともと、気高い道徳を実践できるほど善良ではなかったんだ」。しかし、あえてこの問いをぶつけた人は一人もいませんでした。「善良？　いったいどんな基準で？」という問いです。

みなさんはずっと、ジョン・ゴールトの正体を知りたがっていました。私、ジョン・ゴールトは、この問いをした者なのです。みなさんが言う「善良」の基準を問いただした者なのです。

みなさんは正しい。たしかに、現代は道徳的危機の時代です。（……）みなさんの「道徳」は、袋小路の行き止まりまで達しました。みなさんが生き続けたいと願うなら、今必要なのは道徳に立ち帰ることではありません。（……）道徳を見つけ出すことです。

善悪は主観なのか？

道徳、倫理とは何でしょうか。それは、人の選択と行動を導く価値体系です。その選択と行動が人生の目的と道筋を決定するのです。倫理とは、そういう体系を発見し、定義することに取り組む科学です。

＊1　一九六一年二月九日、ウィスコンシン大学（ウィスコンシン州マディソン）での講演。

ここで、どんな倫理体系であっても、それを定義、判断、または受け入れようとするための前提として、最初に答えなくてはならない問いは、「なぜ人は価値体系を必要とするのか」です。

これは強調しておきます。最初に問うべきなのは、「どんな価値体系を採用すべきか」ではないのです。最初に問うべきなのは「人は価値を必要としているのか、そしてなぜ必要としているのか」です。

価値や善悪という概念は、現実世界に由来せず、根拠を持たない人間の恣意的な創作なのでしょうか。それとも、何か形而上学的な事実、つまり人間が生きる上で不変の条件に根拠を持つ概念なのでしょうか（私は「形而上学的」という言葉を、「そのものの現実性や本来的性質や存在に関わる」という意味で使います）。一貫した原則に基づいて人間が行動すべきだとするのは、根拠のない慣習によるものでしょうか。それとも客観的現実が要求するものなのでしょうか。倫理とは、気まぐれ、気分、社会の命令、神のお告げの支配する世界なのでしょうか。それとも、理性の支配する世界なのでしょうか。倫理は主観的な贅沢品なのでしょうか。それとも客観的な必需品なのでしょうか。

情けないことに、歴史上の道徳家たちはほぼ全員が、倫理は気まぐれに支配される、つまり不合理に支配されると考えてきました（例外も何人かいましたが、その中に成功したと呼べる道徳家はいません）。意図的にそう明示した道徳家もいましたし、主張の矛盾に陥ることでそう暗示した道徳家もいました。「気まぐれ」とは、自分の欲望の原因を知らず、知ろうともしない人が経験する欲望です。

「なぜ人間には倫理が必要なのか」という問いに、哲学者はこれまで誰一人、合理的な答えを出せていません。つまり客観的に立証できる、科学的な答えを出せていません。この問いに答えられない限り、合理的で科学的で客観的な倫理体系は発見できませんし、定義もできません。最も偉大な哲学者であるアリストテレスは、倫理学を厳密な科学と見なしませんでした。彼の倫理学は、同時代の高潔で賢明な人物たちの行いの観察に基づいています。「なぜその人物たちはその行いを選ぶのか」「なぜその人物たちを高潔で賢明と評価できるのか」という問いには、彼は答えていません。

神や社会をよりどころにする道徳が行き着く果て

たいていの哲学者は、倫理が存在することを当然の歴史的事実として疑わず、その形而上学的原因にも客観的実証にも関心を持ちませんでした。その多くは、倫理を神秘主義の伝統的独占から解放しようとし、合理的で科学的な非宗教的な道徳を定義したとされています。しかしその試みは、単に神を社会に置き換え、社会的な根拠によって倫理を正当化しようとしただけだったのです。

神秘主義者を自認する人たちは、恣意的で説明不能な「神の意志」を善の基準にし、自分たちの倫理を正当化しました。一方、新神秘主義者たちは「善の基準は社会にとって善いことだ」という循環的定義を持ち出し、神を「社会の善」で置き換えたのです。すなわち、「社会」こそがすべてに君臨する倫理原則となるという論理、そして現代社会の現実になったのです。社会こそが倫理の源泉であり、基準であるからです。社会の意志によって、社会が幸せと喜びだと言い張るものこそが「善」だということになるのです。つまり、「社会」は何でも好きなものを「善」として選ぶことができ、「社会」が選んだからこそそれが「善」になるというわけです。「社会」という実体はなく、複数の個人の集合に過ぎないわけなので、社会を代表すると称する一味が自分たちの気まぐれを倫理的に追求すべきだと言い張り、それ以外の人たちが倫理的に従う義務がある、という話になるのです。

これはとても合理的とは呼べないものですが、今ではたいていの哲学者が、理性は破綻した、倫理は理性の力の外にあるものだ、合理的倫理学は決して定義できない、倫理の領域すなわち人の価値・行動・追求・人生目標において人は理性以外の何かによって導かれるべきだ、と断言することになっています。では理性以外の何によってでしょうか。信仰・本能・直観・神の啓示・感情・趣味趣向・衝動・願望、気まぐれによってです。今も昔もたいていの哲学者は倫理の究極的基準を気まぐれ（彼らの呼びかたは「恣意的仮定」「主観的選択」「感情的コミットメント」など）とすることで合意しており、唯一の違いは「誰の」気まぐれか、自分の、社会の、独裁者の、神の気まぐれかの問題だけです。今日の道徳家たちは、他のどんな点で見解が対立していても、倫理は主観的な問題であり、理性・頭脳・現実の三要素は、倫理の領域から排除されるという点では見解が一致しているのです。

今なぜ世界が地獄の底へと転げ落ち続けているのかと言えば、これこそがその理由です。みなさんが文明を守りたいなら、みなさんが立ち向かわなければならないのは、倫理に関するこの前提です。

善悪はいのちあるものだけに関わる概念

どんな原則でも、その基本的な前提に立ち向かうためには、原点まで立ち戻らなければなりません。倫理の場合は、こう問うところから始めなければなりません。価値とは何でしょう。なぜ人間は価値を必要とするのでしょう。

価値とは、それを獲得し維持するために、人が行動するものです。価値は、根本概念ではありません。「誰にとって価値があるのか」「どのような目的に対して価値があるのか」という問いへの答えを前提とする概念です。他にも選択肢がある中で、特定の目的を達成するために行動できる主体を前提とする概念です。選択肢がないところでは、どんな目的も価値も存在し得ません。

ジョン・ゴールトの演説から引用します。

この世で最も根本的な選択肢と言えば、それは「存在するか、しないか」です。そしてこの選択肢が関係するのは、生きているものだけです。生きていないものの存在は、条件付きではありません。これに対して、生きているものの存在は条件付きです。生きものは、特定のしかたで活動しなければ存在し続けることができません。物質は不滅です。形を変えますが、存在することはやめません。生きものだけが、絶えず「生か死か」の選択に直面します。生きることは、自分で自分を維持する活動のプロセスです。この活動に失敗すれば、生きものは死にます。生きものを構成していた化学元素は存在し続けますが、そのいのちは消滅します。いのちという概念だけが、価値の概念を可能にするのです。物事が善であったり悪であったりするのは、いのちあるものにとってだけです。

この点を十分理解していただくために、死ぬことがないロボット、絶対に壊れないロボットを思い浮かべてください。このロボットは活動しますが、何からも影響を受けません。変化することがないのです。故障することも、傷がつくことも、破壊されることも、絶対にありません。このような物にとって、価値は存在しません。このロボットには、得るものも失うものもありません。自分の味方になるものも、敵になるものもありません。自分の幸福に役立つものも、幸福をおびやかすものもありません。自分の利益を実現するものも、妨害するものもありません。このようなロボットにとっては、利益も目的も存在し得ないのです。

目的を抱いたり、目的を生み出したりできるのは、生きているものだけです。目的を目指して自分で活動できるのは、生きものだけです。生理レベルで言えば、生きものの運動はすべて、ある一つの目的を目指す活動です。その目的とは、自分のいのちの維持です。これはアメーバの消化機能のような単純な運動から、人体の循環機能のような複雑な運動まで、すべてそうです。[*2]

「～べき」は「～である」から導かれる

生きもののいのちは、二つの要因に依存しています。一つは材料、つまり養分です。これは外部から、つまり環境から取り入れなければなりません。もう一つは、自分の体の活動です。つまり、取り入れた養分を適切に利用する活動です。ここで何が適切なのかを決める基準は何でしょう。その生きもの自身のいのちです。自分が生き抜くために、何が必要かです。

この点について、生きものに選択の余地はありません。生きるために何が必要かは、種としての生まれつきの性質が決めます。環境に応じて、自分のありかたをさまざまに変えることはできます。病気や障害がある状態でも、しばらく生きていることはあり得ます。しかし生きものである以上、「存在するか、しないか」という根本的な選択に直面していることは変わりません。種としての性質上欠かせない、基本的な機能が停止すれば、その生きものは死にます。アメーバの原形質が食物の同化を止めれば、アメーバは死にます。人間の心臓が鼓動を止めれば、人間は死にます。根

＊2　「目的を目指す」という言葉は、生物の自動運動のような自然科学的現象に使われる場合、「意図を持った」という意味に理解しないでください。また、無知覚の自然界を目的論的な原理が支配することを示唆しているとも理解しないでください。「意図」というのは、意識的な活動だけに使われる概念です。私がここで「目的を目指す」という言葉を使ったのは、「生物の自動運動は、その生物自身の生命の維持に帰結する性質の活動である」という事実を示すためです。

本的な意味で、静止はいのちの対義語です。いのちは、自分自身を維持する不断の活動によってのみ、維持できます。このような自己維持活動の目的が、生きもののいのちです。いのちは、あらゆる瞬間を通じて獲得しなければ維持できない、究極の価値なのです。

究極の価値とは、それより下位の目的がすべてその手段になっているような、最終的な目的です。そして、それより下位のすべての目的の評価基準になる価値です。いのちは、生きものにとって価値の基準なのです。つまり、自分のいのちに資するものが善であり、自分のいのちをおびやかすものが悪なのです。

究極の目的が存在しなければ、下位の目的や手段が存在することもあり得ません。存在しない目的に向かって、手段の連続が無限に続いていくなどということは、形而上学的にも認識論的にもあり得ないことです。究極の目的だけが、つまりそれ自体が目的であるものだけが、価値の存在を可能にします。形而上学的には、いのちとはそれ自体が目的である唯一の現象です。いのちは、止むことのない活動のプロセスによって獲得され、維持される価値なのです。認識論的には、価値という概念は、それに先行する生命という概念から導かれます。価値という概念は、そもそも生命という概念に依存しているのです。価値をいのちと無関係なものとして語るのは、言葉の矛盾どころではない誤りです。いのちという概念だけが、価値の概念を可能にするのです。

究極の目的とか、価値といったものは、現実の事実との関係を証明できないものだと主張する哲学者たちがいます。こうした哲学者たちへの返答として、次の事実を強調しておきます。生きものにとって、さまざまな価値の存在を欠かせないものにしているのは、そして自分のいのちという究極の価値の存在を欠かせないものにしているのは、自分が生きて活動しているという現実そのものです。ですから価値判断の正しさは、現実の事実に基づいて証明できるのです。ある生きものがなすべきことは、その生きものの現実が決めるのです。「～である」と「～べき」の関係をめぐる議論は、これで十分でしょう。

植物は自動的に生きる

さて、人は価値という概念を、どのような手段で発見するでしょう。「善い」「悪い」を最初に、最も素朴な形で認識するのは、どんな手段によってでしょう。快楽と苦痛という肉体的な感覚によってです。人間にとって感覚は、意識の最初の段階です。これは認知に関わる意識だけでなく、評価に関わる意識についてもそうなのです。

快楽と苦痛を感じる能力は、人間の体に生まれつき備わっています。この能力は、人間という種の性質の一部です。この能力に関して、人間に選択の余地はありません。快楽の感覚をもたらすか、それとも苦痛の感覚をもたらすかを決める基準を、人間は選べません。その基準とは何でしょう。自分のいのちです。

人間の体に、そして意識を持つすべての生きものの体に備わるこの仕組みは、いわば生命の自動保護装置です。快楽の肉体的感覚は、その生きものが正しい方向の活動を追求していることを示すシグナルです。苦痛の肉体的感覚は、危険を警告するシグナルで、その生きものが誤った方向を向いており、何かが身体機能を損なっていて、それを修正する活動が必要なことを知らせています。このことが一番よくわかるのが、ごくまれに生まれる、肉体的苦痛を感じる能力を持たない子供です。こうした子供は長くは生きられません。自分の肉体を損なう可能性がある問題に気づく手段がないので、ごく小さな傷でも致命的な感染症になりますし、重大な病気にかかっても手遅れになるまで気づけないからです。

意識は、それを持つ生きものにとって、基本的な生存手段なのです。

植物のように単純な生きものは、体に備わる自動機能に従って生きることができます。動物や人間のような高等生物は、このような自動機能に従っては生きられません。ニーズがずっと複雑で、活動の幅がずっと広いからです。高等な生きものの体が自動で行えるのは、養分を消費する仕事だけです。養分を獲得する仕事は、自動では行えません。高等生物が養分を獲得するには、意識の働きが必要です。植物は、自分が生える土壌から食物を獲得できます。動物は、食物を狩らなければなりません。人間は、食物を生産しなければなりません。

植物には、活動の選択肢がありません。植物が追求する目的は、生まれつき自然によって定められています。栄養、水、そして日光が、植物が追求するように定められた価値です。自分のいのちが、自分の活動を決める価値基準です。気温の寒暖、土壌の乾湿など、植物が置かれる環境の条件はさまざまです。生存に不利な条件と闘うために、植物ができることも、ある程度はあります。たとえば、岩の下から日光を求めて這い出てくる能力を持つ植物もあります。しかしどんな環境下でも、植物の機能に選択の余地はありません。植物は、自分が生きるのに役立つ活動を自動的に行います。自分を破壊する活動は行えません。

動物にできること・できないこと

高等生物は、生きるためにもっと幅広い活動を必要とし、それはその生物の意識の幅広さに比例します。比較的低度な意識しか持たない生きものにあるのは、感覚の能力だけです。感覚だけでも、こうした生きものの活動はコントロールできますし、ニーズも満たせます。感覚は、外界からの刺激に対する感覚器官の自動的な反応で生まれます。感覚は、ごく短い時間しか保たれません。外界からの刺激が続くあいだだけ続き、刺激が終われば消えます。感覚は、自動的な反応であり、自動的な意識、つまり意識が求めることも避けることもできないものです。感覚能力しかない生きものは、快楽と苦痛を感じる生まれつきの仕組みに従って生きます。言い換えると、自動的な知識と自動的な価値体系に従って生きます。自分のいのちが、自分の活動を決める価値基準です。こうした生きものは、自分にできる活動の範囲内で、自分が生きるのに役立つ活動を自動的に行います。自分を破壊する活動は行えません。

高等生物には、ずっと強力な形態の意識があります。つまり高等生物には、感覚を保持する能力があります。これが知覚という機能です。知覚とは、あるひとまとまりの感覚が、脳内で自動的に保存されて統合されたものです。知覚のおかげで高等生物は、単一の刺激ではなく、物事の実体を認識できます。動物は、単なるその瞬間瞬間の感覚ではなく、知覚に従って活動します。動物の行動は、その時々の刺激に対するばらばらな反応ではなく、直面している現実の知覚を統一的に認識することで制御されています。動物は、目の前にある物を知覚的に把握できます。知覚した現実どうしを、自動的に関連づけて記憶することもできます。しかし、ここまでです。動物は狩りや潜伏など特定状況におけるスキルを学ぶことができ、高等動物の親はスキルを子に教えるものです。しかし動物は、習得する知識やスキルを選べません。同じ知識やスキルが、世代から世代へとくり返されるだけです。そして動物は自分の行動を左右する価値基準を選択することができません。感覚によって自動的に価値体系が与えられ、それが何が善で何が悪か、何が生きることを助け、何がおびやかすかを教えてくれるだけです。動物はこのような自動的な知識を、広げることも無視することもできません。自動的な知識で対応できない状況に陥れば、動物は死ぬだけで、高速で接近する列車を前に線路上で立ちすくむ鹿はその例です。しかし動物は生きている限り、選択の余地なく自分の知識に従って行動し、自動的な安全を確保します。動物は、自分の意識を留保できません。知覚しないことを選べません。自分の知覚からのがれられません。自分にとって善いことを無視できません。悪を選んで、自分自身の破壊者として振る舞うことができません。

人間には考えない自由がある

人間は自動的な生存の体系を持っていません。自動的な行動の方針も、自動的な価値の集合も持っていません。人間の感覚機能は、「自分にとって何が善で、何が悪か」「自分が生きるのに何が有益で、何が有害か」「どんな目的を追求するべきか、その目的はどんな手段で達成できるか」「自分のいのちはどんな価値に依存しているか」「自分のいのちはどんな行動を要求しているか」といったことを、自動的には教えてくれません。人間は、自分の意識によってこれらの問いへの答えを発見しなくてはなりません。ところが人間の意識は、自動的に機能するわけではないのです。人間は最も高度に発達した種であり、人間の意識には知識を獲得する無限の能力がありますが、意識を自動的に維持し続ける保証がない唯一の生物なのです。あらゆる生物の中で人間の傑出した特徴は、意識が意志的であるということです。

植物の体が従う自動的な価値体系は、植物が生きるのには十分でも、動物が生きるのには不十分でした。同じように、感覚－知覚メカニズムが動物の意識に与える自動的な価値体系は、動物の指針としては十分でも、人間の指針としては不十分です。人間は、概念的な知識から導き出した概念的な価値を指針にしなければ、活動することも生き抜くこともできません。ところが概念的な知識は、自動的には獲得できないのです。

概念は、複数の具体的な知覚を頭脳で統合したものです。その複数の知覚は抽象化というプロセスで特定され、具体的定義によって統一されます。固有名詞を除いて、人間の言語における単語はすべて必ず何らかの概念を指し示しており、その概念とは無数の特定の具体的事物を代表する抽象化です。これがポイントです。人間が無限の知識を把握して獲得し、特定して統合できるのは、知覚した材料を概念にまとめ上げた上に、その概念をさらに幅広い概念へと次々にまとめ上げていくことによってなのです。それによって目の前の知覚を超えて概念的知識を得ることができるのです。人間の感覚器官は、自動的に機能します。人間の脳は、感覚情報を自動的に知覚に統合します。しかし、知覚を概念に統合するプロセスは、つまり抽象化と概念形成のプロセスは、自動的ではありません。

概念形成は、いくつかの単純な抽象（たとえば「椅子」「テーブル」「暑い」「寒い」など）を理解して話せるようになる、というだけのプロセスではありません。概念形成のプロセスは、意識を特定の方法で使うことで成り立っています。それは「概念化」と呼ぶのが最もふさわしいプロセスです。それは印象をランダムに記録するような、受動的な状態ではありません。概念形成は、能動的に維持されるプロセスです。自分が受けたさまざまな印象を、概念的な用語で識別し、あらゆる出来事や観察を概念的な文脈に統合し、自分が知覚したさまざまな材料どうしの関係や相違や類似性を把握して新しい概念へと抽象化し、推論を引き出し、演繹を行い、結論を導き、新しい問いを生み出し、新しい答えを発見し、自分の知識を無限に広げていくプロセスです。このプロセスをつかさどる能力が理性です。つまり理性とは、このプロセスを概念という手段で機能させる能力です。このプロセスを思考と呼ぶのです。

理性は、感覚から与えられる材料を識別して、統合する能力です。理性は、人間が選択によって、行使しなければならない能力です。思考は、自動的な機能ではありません。人間は生きている限り、あらゆるときに、あらゆる問題について、「考えるか、それとも考える努力を回避するか」を自由に選べます。考えるには、焦点がはっきり定まった意識状態が必要です。意識の焦点を定めるのは、意識的な行動です。人間は、完全に、能動的に、目的志向的に現実を認識することに頭脳の焦点を定めることもできます。頭脳の焦点をぼかして、半ば無意識状態に漂いながら、コントロールを失った感覚ー知覚メカニズムに命じられるままに、感覚ー知覚メカニズムが無秩序に生み出す連想に従って、その時々の一時的な刺激にありつき続けることもできます。

頭脳の焦点が定まっていないときでも、「意識」という言葉を人間未満の意味で使うなら、人間に意識はあると言うこともできるでしょう。そんな状態でも、人間は感覚と知覚を経験しているのですから。しかしこの言葉を人間にふさわしい意味で使うなら、つまり「現実を認識して、現実に対処できるようにする意識」「行動をコントロールできる意識」「人間の生存を可能にする意識」という意味で使うなら、頭脳の焦点が定まっていない人間に意識はありません。

心理的に言うと、考えるかどうかの選択は焦点を絞るかどうかの選択です。実存的に言うと、焦点を絞るかどうかの選択は意識的であるかどうかの選択です。形而上学的に言うと、意識的であるかどうかの選択は生きるか死ぬかの選択です。

意識は、それを持つ生物にとって基本的な生存手段です。人間の場合は、理性が基本的な生存手段です。人間は、動物のように単なる知覚に従うだけでは生き残れません。空腹の感覚は（それを「空腹」と認識することを学んでいれば）自分が食べ物を必要としていることを教えてくれますが、空腹の感覚は、食べ物を手に入れる方法を教えてはくれません。どの食べ物が自分にとって善くて、どの食べ物が自分にとって毒なのかも教えてくれますが、思考プロセスなしでは、自分の体の最も単純なニーズさえ満たせないのです。農作物の育てかたも、狩りの道具の作りかたも、思考プロセスなしには発見できません。洞穴を見つけるだけなら、知覚だけでも十分かもしれません。しかし最も簡単な雨よけを建てるにも、思考プロセスは必要です。火の起こしかたも、布の織りかたも、鉄器の鍛えかたも、車輪の作りかたも、飛行機の作りかたも、虫垂切除のやりかたも、電球や真空管の製造法も、原子核物理学の研究装置の製造法も、マッチ箱の製造法も、知覚や本能でわかることはありません。ところが人間のいのちは、こういった知識に依存しています。こういった知識は、意識を意識的に使わなければ、つまり思考に従わなければ、得られないのです。

しかし人間の責任はまだ続きます。思考プロセスは自動的でも本能的でも無意識でも無謬でもないのです。人間が思考プロセスをスタートし、維持し、結果に責任を負わねばなりません。人間は、何が正しく、何が誤っているかを知る方法を発見しなければなりません。自分の誤りを正す方法を発見しなければなりません。自分の概念や結論や知識が、正しいかどうか確認する方法を発見しなければなりません。自分の思考を支配するルール、つまり論理法則を発見しなければなりません。人間の頭脳の努力の有効性は、自動的には保証されないのです。

倫理が必要な理由

人間が与えられているのは、ポテンシャルと、それを実現化する材料だけです。ポテンシャルとは、人間の意識です。人間の意識は最高の機械です。しかしこの機械には、点火プラグがありません。自分がこの機械の点火プラグになり、セルモーターになり、運転者にならなければなりません。この機械の使いかたを発見しなければならないのも、この機械を安定して動かし続けなければならないのも、自分自身です。ポテンシャルを実現する材料とは、この宇宙全体です。人間が獲得できる知識にも、到達できる喜びにも、限界がありません。しかし人間は、自分に必要なものも欲しいものも、自分自身で、つまり自分の選択と努力で、自分の頭脳を使って、学習し、発見し、生産しなければなりません。

物事の真偽が自動的にわからなければ、物事の正しさや誤り、自分にとっての善悪も自動的にわかりません。しかし生きていくためにはその知識が必要です。人は現実の法則からまぬがれることはできず、生きていくために必要な行動を取らねばならない、固有の性質を持つ、固有の有機体です。気ままな手段や無作為の動作や盲目的衝動や偶然や気まぐれでは、生存を維持することができません。生存に何が必要かは生まれつきの性質によって決まっており、自分で選択することはできないのです。自分で選択できるのは、生存条件を発見するかしないか、生存にふさわしい目標や価値を選択するかしないか、だけです。もちろん間違った選択をする自由はありますが、間違った選択で成功する自由はありません。人間には、現実から目をそむける自由があります。思考の焦点を定めない自由がありますが、行き当たりばったりに、自分が好きな道を選びながら進んでいく自由があります。しかし、足元の穴を見ることを拒否しながら、穴への転落をまぬがれる自由はありません。意識を持つあらゆる生きものにとって、知識は生存の手段です。生きている意識にとって、あらゆる「〜である」は「〜べき」を当然に意味します。人間には、意識的でいないことを選ぶ自由があります。しかし意識的でいなかったことへの報いからのがれる自由はありません。その報いとは破滅です。人間は、自分自身の破壊者として振る舞える唯一の生きものです。そして人間は、歴史を通じてほぼ常に、そのように振る舞ってきたのです。

では、人間はどのような目標を追求するのが正しいでしょうか。人間が生きるには、どのような価値が欠かせないでしょうか。これこそが、科学としての倫理学が答えなければならない問いです。そしてみなさん、これこそが人間に倫理が必要な理由なのです。

そうなれば、世間に蔓延している次のような教えの意味を自分で評価できるでしょう。倫理は不合理が支配するとか、理性は人生の指針にはなり得ないとか、人間にとっての目的や価値は、投票や気まぐれに従って選ぶべきだ、などとみなさんに吹き込む教義の意味が。倫理は現実とも存在とも個人の実際の行動や関心とも無関係だとか、倫理の目的は死後の世界にあるとか、倫理を必要とするのは死者であって生きる者ではない、などとみなさんに吹き込む教義の意味が。

倫理は、神秘的な空想ではありません。社会的なしきたりでもありません。なくても済むような、緊急のときはいつでも取り替えたり捨てたりできるような、主観的な贅沢品でもありません。倫理は、人間が生き抜くために客観的かつ形而上学的に必要なものです。ここで「人間が生き抜くために必要」とは、現実に立脚して、そしていのちの本来的性質に立脚して生きるために必要ということです。神や隣人の恵みとして生きるためでもなければ、自分の気まぐれの結果として生きるために必要ということでもありません。

ジョン・ゴールトの演説から引用します。

> 人間は、「理性的存在」と呼ばれてきました。しかし、それは選択によります。「理性的存在――さもなくば自滅的動物」。これが、自然が人間に与えた二者択一です。人間は、選択によって人間にならなければなりません。選択によって、自分のいのちを価値としなければなりません。選択によって、自分のいのちを維持する方法を学習しなければなりません。選択によって、自分のいのちに欠かせない価値を発見しなければなりません。選択によって、自分にとっての美徳を実践しなければなりません。道徳は、選択によって受け入れられた価値体系なのです。

生きるとは生きながらえることではない

オブジェクティビズム倫理学の価値基準、つまり善悪の判断基準は、人間のいのちです。つまり、人間が人間として生き抜くために何が不可欠かが善悪の判断基準になります。

理性は人間にとって基本的な生存手段ですから、理性的存在としての生きかたにふさわしいものは善であり、それを無力化するもの、おびやかすもの、破壊するものは悪です。

人間は自分に必要なすべてのものを自分の頭脳で発見し、自分の努力で生産しなければなりませんから、理性的存在にふさわしい生きかたには二つの要素が不可欠です。思考と生産的な仕事です。

何も自分で考えず、自分の仕事の意味をわかろうともせず、調教された動物のように誰かの動作をまねしてくり返すことで生き延びている人間がいたとしても、彼らが生き延びているのは、自分できちんと考え、どう動いたらいいかを発見した人たちのおかげなのです。そういう頭脳的寄生者が生き延びることができるかは運次第です。考えることのない頭脳では、いったい誰をまねしてどんな動作をくり返したら安全なのかわかったものではありません。こういう寄生者たちは、意識的である責任を放棄してしまい、その責任を肩代わりすると約束する破壊者のあとを追って奈落の底へと落ちていく人たちです。

暴力や詐欺によって奪い、盗み、騙し取り、生産する人間を隷属化して生き延びようとする人たちがいても、彼らが生き延びられるのは、奪う対象の犠牲者たちが自分で考え、生産しているおかげなのです。略奪者たちは自分たちだけでは生き延びることのできない寄生者であり、人間にふさわしい行動をしている生産者を破壊することではじめて存在しているのです。

理性ではなく力を手段として生き残ろうとする人たちは、動物のやりかたで生き残ろうとしているのです。しかし、動物が植物のやりかたでは生き残れないように、つまり移動を拒んで土壌が栄養を与えてくれるのを待っていては生き残れないように、人間は動物のやりかたでは生き残れません。理性を拒否して、生産的な人たちが自分の餌食（えじき）になってくれるのを当てにしていては、生き残れないのです。彼らのような略奪者も、ごく短いあいだなら目的を達成することがあるでしょう。しかし、その代償は破滅です。彼らの犠牲者たちの破滅であり、彼ら自身の破滅です。どんな犯罪者でも独裁政権でもその証拠になります。

人間は、動物のように瞬間ごとのスパンで行動していては生き残れません。動物の生は、子を産み育てる、冬越え用の食べ物を貯蔵するといったばらばらなサイクルの連続が、ひたすらくり返されることで成り立っています。動物は、自分の生を一生のスパンで統一的に意識できません。動物の意識には、ほぼ直前までのことしか残っていません。動物は、同じサイクルを前回とのつながりなしに、始めから丸ごとくり返さなければなりません。人間の生は、継続した全体です。人間の毎日、毎年、毎十年の生には、自分がそれまで生きたすべての日々の合計が、善い方向にも悪い方向にも加わっています。人間は、自分の選択を変えられます。自分が進む道を変える自由があります。多くの場合、自分の過去の結果を償う自由さえあります。しかし、自分の過去の結果からのがれる自由はありません。動物のように、遊び人やチンピラのように、行き当たりばったりの生きかたをして罰なしに済むことはありません。生き抜くというタスクを成功させたければ、行動する目的が自己破壊でないのなら、人間は自分の行動、目的、そして価値を、一生のスケールと文脈で考えて選ばなければなりません。このようなことは、感覚や、知覚や、衝動や、本能ではできません。このようなことができるのは、頭脳だけです。

「人間が人間として生き抜くために不可欠」とは、こういう意味なのです。人間が人間として生き抜くということは、一時的な、単に肉体的な生存を意味するわけではありません。知性を持たない獣の、遅かれ早かれ他の獣に自分の頭蓋骨を潰されるまでの、束の間の肉体的生存を意味するわけではありません。一年でも一週間でも生き延びさせてもらえる望みがあるなら、どんな条件も進んで飲み、どんなチンピラにも進んで服従し、どんな価値も進んで譲り渡す、つまりどんな代償を払ってでも生きながらえること自体が目的になった、地べたに這いつくばって生きる腑抜けの、束の間の肉体的生存を意味するわけではありません。「人間が人間として生き抜くために不可欠」とは、理性的存在がその生涯をまっとうする上で欠かせない、自分に選択の余地があるすべての面における条件、方法、状態、目的を意味するのです。

人間は、人間としてしか生きられません。たしかに人間は、自分の生存手段である思考を放棄することもできます。人間未満の生きものに成り下がることもできます。自分の人生を、短い苦悶の生涯にすることもできます。それは、人間の肉体が病気で朽ちていくあいだも、しばらくは存在しているのと同じことです。しかし、人間が人間未満の存在として成し遂げられるのは、人間未満のことだけです。歴史上の反 - 合理主義の時代に現れたおぞましい恐怖が、そのことを証明していま す。人間は、選択によって人間にならなければなりません。そして人間にふさわしい生きかたを人間に教えるのは、倫理学の役目です。

基準とは・目的とは・美徳とは

オブジェクティビズム倫理学では、「価値の基準は、人間のいのちである」と考えます。そして、「自分自身の人生こそ、すべての個人にとっての倫理的な目的である」と考えます。

ここで言う「基準」と「目的」の違いを説明しておきます。基準とは、個人が特定の目的を達成していく過程で迫られる、さまざまな選択の指針や尺度として役立つ、抽象的な原則です。「人間が人間として生き抜くために不可欠」というのは、あらゆる個人に適用できる抽象的な原則です。この原則を特定の具体的な目的、つまり合理的存在にふさわしい人生を生きるという目的に適用する責任は、一人ひとりの個人にあります。そして各個人が生きなければならないのは、自分自身の人生です。

価値とは、それを獲得し維持するために人が行動するものです。価値を獲得し維持する手段になる行動が、美徳です。オブジェクティビズム倫理学における三大価値は、理性・目的・自尊心です。これら三つの価値は全体として、人間にとって究極の価値、つまり自分自身の人生の実現手段であると同時に、この究極の価値の具現化でもあります。この三大価値のそれぞれに対応する美徳が、合理的でいること・生産的でいること・誇りを持つことです。

　生産的な仕事は、合理的な人にとって人生の中心的な目的です。そして、自分にとっての他のあらゆる価値の序列を合理的に決める、中心的な価値でもあります。理性は、生産的な仕事のみなもとであり、前提条件です。誇りは、その結果です。

　合理的でいることは、人間にとって基本的な美徳です。そして他のあらゆる美徳のみなもとでもあります。人間にとって基本的な悪徳は、つまり人間のあらゆる悪のみなもとは、自分の思考の焦点をぼかすという行動です。つまり、自分の意識を止めることです。見えないことではありません。見るのを拒むことです。知らないことではありません。知るのを拒むことです。不合理でいることは、人間の生存手段を拒否することです。ですからこれは、盲目的な破滅にコミットするのと同じことです。反ー思考（アンチマインド）であることは反ー生命（アンチライフ）なのです。

　合理的でいるという美徳が意味するのは、理性を知識の唯一のみなもととして、価値の唯一の判定者として、行動の唯一の指針として認めるということです。自分が目覚めているあいだ、あらゆる問題や選択に関して、十分に鮮明な意識状態でいることです。そして、思考の焦点を十分に定め続けることに完全にコミットすることです。自分の能力が及ぶ限り正しく現実を知覚し、自分の知覚、つまり知識を絶えず能動的に広げていくことや、自分の存在の現実にコミットすることです。

言い換えれば、人間の目的、価値、行為はすべて現実の世界で実現されるのだから、どんな価値も配慮も自分が知覚した現実より上位に位置づけてはならないという原則にコミットすることです。自分のあらゆる確信、価値、目的、願望、行為を、自分の能力の及ぶ限り正確で周到な、そして自分の能力の及ぶ限り冷徹に論理を適用した思考によって、根拠づけ、導き出し、選択し、検証しなければならないという原則にコミットすることです。自分自身の判断を形成する責任、そして自分自身の思考によって生きる責任を引き受けることです（これが自立という美徳です）。自分の確信を、他人の意見や気まぐれの犠牲にしてはならないということです（これが一貫性（インテグリティ）[訳注1]という美徳です）。どんなやりかたであれ、決して現実を偽造しようとしてはならないということです（これが正直という美徳です）。物質的にであれ精神的にであれ、自分が稼ぎ出していないもの、値しないものを得ようとしてはならないし、相手が稼ぎ出していないもの、値しないものを与えてもならないということです（これが正義という美徳です）。原因抜きに結果を望んではならないし、結果への全責任を負うことなしに原因を引き起こしてもならない。ゾンビのように振る舞ってはならない、つまり自分の目的と動機を自覚することなしに行為してはならない。自分の統合された知識全体に照らすことなしに、またそうした知識全体に反するような判断を下してはならないし、確信を抱いてはならないし、価値を追求してはならない。そして何より、矛盾をごまかしてはならないということです。あ

訳注1 「誠実さ」とも訳される。

らゆる形の神秘主義を拒絶するということです。つまり感覚も定義もできない、非合理的で超自然的なものを、知識のみなもととして認めないということです。時々気まぐれにではなく、特定の問題についてではなく、非常時や緊急時にではなく、恒常的な生きかたとして、理性にコミットすることです。

生産的でいるという美徳が意味するのは、生産的な仕事こそ、人間の頭脳が生命を維持するプロセスであり、動物のように環境に自分を適合させる必要性から人間を解放して、環境を自分に適合させる力を人間に与えたプロセスであるという事実を認識することです。生産的な仕事は、人間が無限に達成を重ねていく道です。生産的な仕事は、創造性・野心・自己表現力・災害への屈服の拒否・大地を作り変え、自分が思い描く価値を実現していくことへの専心といった、人間が持つ最も優れた特性を呼び起こします。「生産的な仕事」とは、漫然と何かの作業をくり返すことではなく、どんな能力レベルでも、どんな職業分野でも、派手な仕事でも地味な仕事でも、合理的な領域で自覚的に選択した生産的なキャリアを追求することです。能力の程度も、仕事の規模も、倫理の観点からは無関係です。重要なのは、自分の頭脳を徹底的に、目的意識的に活用しているかどうかです。

誇りを持つという美徳は、「人は自分のいのちを維持するために物質的価値を生み出さねばならないように、自分のいのちが維持する甲斐のあるものであるために人格的価値を獲得しなくてはならない、言い換えると、人は自ら富を築く存在であるように、自ら魂を築く存在である」（『肩をすくめるアトラス』）という事実を認識することです。誇りの美徳は「道徳的野心」という言葉で最も良く表現できます。つまり、人は自分自身を最高の価値として保つ権利を稼ぎ獲ることができ、それは自分自身が道徳的に完成することによるのです。決して非合理的で実践不可能な美徳を受け入れず、合理的な美徳の実践を怠らず、身に覚えのない後ろめたさを受け入れず、もし後ろめたいことが実際にあったときは必ず挽回するようにし、自分の人格的欠点を受け身でないがしろにせず、自分自身の自尊心を無視してその場の心配や願望や不安や気分を優先しないことによって可能なのです。そして何よりも自分を生贄の獣にせず、自己犠牲を道徳的美徳や義務だと説く教義のいっさいを拒絶することです。

幸福が道徳的生きかたの目的であっても基準ではない理由

社会的な問題についてのオブジェクティビズム倫理学の基本原則は、「自分自身の人生がそれ自体目的であるのと同じように、生きているすべての個人は一人ひとりが目的であって、他人の目的や幸福の手段ではない。だから人間は、自分を他人の犠牲にせず、他人を自分の犠牲にせず、自分自身のために生きなければならない」というものです。「自分自身のために生きなければならない」というのは、**自分の幸福の実現が、人間にとって最高の道徳的目的である**ということです。

心理的な観点で見ると、人間には生存に関わる問題が「生か死か」の問題ではなく、「幸福か苦痛か」の問題として意識されます。幸福はいのちが成功している状態であり、苦痛は失敗、死の警告信号です。幸福は人生の成功状態であり、苦痛は失敗、死の警告信号です。ちょうど人の肉体の快苦のメカニズムが生きるか死ぬかの基本的選択肢のバロメーターによって体の健康状態を自動的に知らせてくれるように、人の意識の感情的メカニズムは、喜びと苦しみという二つの基本的感情のバロメーターによって同じ機能を果たしています。感情は、無意識が下した価値判断の自動的な結果です。自分にとっての価値にプラスになることとマイナスになること、つまり自分の味方になることと敵になることが、自動的に見積もられたのが感情です。感情は、自分にとっての損得を瞬時に計算する計算機なのです。

しかし、快苦のメカニズムが生まれつきの価値基準に従って自動的に働くのに対して、人間の感情のメカニズムには、生まれつきの価値基準がありません。人間は知識を自動的に持つことがいっさいないのですから、何かを価値として自動的に知ることもあり得ません。生まれつきの観念がいっさいないのですから、生まれつきの価値判断もあり得ません。

人間は、認知のメカニズムを持って生まれるのと同じように、感情のメカニズムを持って生まれます。しかし、生まれた時点ではどちらも「白紙状態」です。どちらの内容を決めるのも、人間の認知機能、つまり頭脳です。人間の感情のメカニズムは、コンピューターに似ています。このコンピューターは、人間の頭脳がプログラミングしなければなりません。そのプログラムは、人間の頭脳が選んだ価値で成り立っています。

しかし人間の頭脳は、自動的には働きません。ですから人間にとっての価値は、人間にとってのあらゆる前提がそうであるように、人間の思考か逃避、いずれかの産物です。人間は、自分にとっての価値を意識的な思考によって選びます。意識的な思考によって選ばない場合、自分にとっての価値を、批判的な検討抜きに受け入れることになります。つまり、無意識的な連想で、あるいは信仰に基づいて、あるいは誰かの権威に基づいて、あるいは何らかの社会的影響で、あるいは盲目的な模倣によって、受け入れることになります。人間は意識的に、あるいは無意識のうちに、さまざまな前提を抱きます。感情は、このように人間が意識的・無意識的に抱いたさまざまな前提の産物なのです。

何かを自分にとって善いと感じたり、悪いと感じたりする能力そのものに関して、人間に選択の余地はありません。しかし、「何を善いと見なし、何を悪いと見なすか」「何を楽しく感じ、何を辛く感じるか」「何を愛し、何を嫌うか」「何を望み、何を恐れるか」は、自分の価値基準で決まります。不合理な価値を選べば、自分の感情のメカニズムが、自分の守護者から自分の破壊者になります。不合理なものは、不可能なものです。つまり不合理なものは、現実の事実と矛盾するものです。願望は事実を変えられませんが、事実は願望する者を破壊でき**ます**。矛盾を望んで追求すれば、つまり「ケーキを食べてしまいながら、残してもおきたい」と望めば、自分の意識が統一性を失っていきます。自分の精神生活が、愚かで支離滅裂で無軌道で無意味な闘争に明け暮れる、盲目の勢力どうしの内戦になります（今日たいていの人の内面が、まさにこの状態です）。

破壊を価値とするサディスト、自虐を価値とするマゾヒスト、死後のいのちを価値とする神秘家、スリルを価値とする走り屋などの言うところの幸福は、自滅に向けた成功の度合そのものです。さらに付け加えるべきなのは、こういう不合理な人たちの感情状態を幸福や喜びなどと呼ぶことはできないということです。それは慢性的な恐怖からの一時的な気晴らしに過ぎません。

幸福といのちの関係を正しくとらえる

人間は、不合理な気まぐれを追求している限り、自分自身の人生を成就することも、幸福を実現することもできません。人間には、寄生者やたかり屋や略奪者のように行き当たりばったりの手段で生きることを試みる自由があります。しかし、そのような自由が長く成功することはありません。同じように、不合理なペテンや、気まぐれや、妄想や、頭を使わない現実逃避に幸福を求める自由があります。しかし、そのような幸福追求が長く成功することはありません。そのような試みの結果からのがれる自由もありません。

ジョン・ゴールトの演説から引用します。

> 幸福は、矛盾のない喜びの状態です。矛盾のない喜びとは、罪なき喜び、罰なき喜びです。自分にとってのどんな価値とも対立しない喜びであり、自分を破壊するように作用しない喜びです。(……)幸福は、合理的な人だけに可能なのです。合理的な人とは、合理的な目的以外の何ものも望まない人です。合理的な価値以外の何ものも追求しない人であり、合理的な行為以

外の何ものにも喜びを見出さない人です。

いのちを維持することと、幸福を追求することは、別々の問題ではありません。自分のいのちを自分にとって最高の価値にすることと、自分の幸福を自分にとって最高の目的にすることは、同じことを二つの側面から言い表しています。実存的には、合理的な目的を追求する行為は、自分のいのちを維持する行為です。心理的には、そのような行為の結果、報酬、付随物が、幸福という感情状態です。人間は一時間のスパンで見ても、一年のスパンで見ても、人生全体のスパンで見ても、幸福を経験することによって自分自身の人生を生きます。そして人間は、それ自体が目的であるような純粋な幸福を経験するとき、つまり「このためにならば生きる甲斐がある」と思えるような幸福を経験するとき、自分自身の人生それ自体が目的であるという形而上学的な事実を、感情の次元で歓迎し肯定しているのです。

しかし、原因と結果の関係をひっくり返すことはできません。人間の生命を究極目的とし、生きるために必要な合理的価値を追求することによってのみ幸福が実現できるのであり、幸福そのものを定義も分解もできない究極目的とした上でそれを指針に生きようとしても幸福は実現できないのです。もし合理的な価値基準に基づいて善を実現したら、間違いなく幸福を実現します。しかし定義もない感情的基準で幸福な気分になったとしても、それは必ずしも善ではありません。「とにかく自分を幸福にするもの」を行動指針としたら感情的気まぐれによって左右されることになります。感情は認知の道具ではありません。意味も性格も出所も不明な気まぐれな欲望に身をゆだねるのは、ぼんやりと現実逃避することで正体不明の悪魔に操作される盲目のロボットになるのと同じです。見ることを拒否した現実の壁に、自分の鈍い頭を叩きつけているようなものです。

これが快楽主義に内在する誤りです。個人主義的か社会主義（集団主義）的かを問わず、あらゆるバリエーションの倫理的快楽主義に内在する誤りです。「幸福」は倫理上適切な目的になり得ますが、倫理の基準にはなり得ません。倫理学の任務は、人間にふさわしい価値体系を定義し、人間に幸福達成の手段を提供することです。快楽主義者が言うように「適切な価値とは、何でもいいから自分に快楽を与えるものだ」と宣言してしまえば「適切な価値は、自分が価値あると思うものなら何でもいい」と知的・哲学的な責任放棄になり、つまり倫理など不毛だから誰でも好きなようにやったらいいと放り出してしまうことになります。

快楽主義と利他主義の共通性

合理的と自称する倫理体系を構築しようとした哲学者たちは、つまるところ気まぐれの選択を提示しただけです。自分自身の気まぐれを「利己的」に追求するか（ニーチェ）、あるいは他者の気まぐれのために「無私」の奉仕をするか（ベンサム、ミル、コントなどあらゆる社会的快楽主義者がそれで、自分の気まぐれを何百万もの他者の気まぐれに含めるか、それとも完全に自分を犠牲にして他者に食われる「シュムー」[訳注2]になるか）の選択です。

「欲望」をその性質も理由も問わず倫理上の第一義に位置づけて、あらゆる「欲望」の充足を（「最大多数の最大幸福」のように）倫理上の目的に位置づけたら、人間どうしが憎み合い、恐れ合い、闘い合うしかなくなります。なぜなら人々の欲望と欲望が、利益と利益が、必然的に衝突するからです。「欲望」が倫理の基準になれば、生産したいと言っても、他人から奪いたいと言っても、どちらも倫理的にまったく変わりがないということになります。自由でいたいと言っても、他人を奴隷にしたいと言っても、どちらも倫理的にまったく変わりがないということになります。自分の美徳によって敬愛されたいと言っても、自分にふさわしくない愛や尊敬が欲しいと言っても、どちらも倫理的にまったく変わりがないということになります。どんな欲求不満も犠牲と見なされるなら、自分の自動車を盗まれた人物と、この人物の自動車をタダで譲ってほしいと熱望して断られた別の人物のどちらも犠牲者で、この二つの「犠牲」は倫理的に同等ということになります。もしそうなら、人間には「盗むか、盗まれるか」「破壊するか、破壊されるか」「自分のあらゆる欲望のために他人を犠牲にするか、他人のあらゆる欲望のために自分を犠牲にするか」以外の選択がないことになります。倫理的な選択肢が、「サディストになるか、マゾヒストになるか」しかないことになります。

訳注2　アメリカの漫画家アル・キャップ（一九〇九－一九七九）の漫画に登場する空想の動物。人間が食べて美味しく、人間に食べられることを喜ぶ。餌が必要なく、空気だけで育ち、無性生殖し、ネズミよりも速く繁殖する。

あらゆる快楽主義者と利他主義者に共通するこうした倫理的カニバリズムには、ある人物の幸福には、別の人物の損害が必要であるという前提があります。

この前提は、今日たいていの人にとって疑う余地のない絶対的真理になっています。人間には、自分のために生きる権利があると主張する人物がいると、たいていの人は、この人物が自分のために他人を犠牲にする権利を主張していると自動的に思い込みます。このような思い込みは、彼ら自身が「他人を傷つけたり、奴隷にしたり、その財を奪ったり、殺したりすることは、人間の自己利益にかなう。自己利益は、私心なく放棄されなければならない」と信じていることの告白なのです。「人類みな兄弟」を実現したいと公言し、無私の教えを伝道する博愛主義者たちは、犠牲を伴わない人間関係だけが自己利益にかなうという考えなど決して思い浮かびません。価値・欲求・自己利益・倫理という文脈から「合理的」という概念を外してしまったら、このことは誰にも思い浮かばないことでしょう。

商人は犠牲を求めない

オブジェクティビズム倫理学が誇り高く提唱し、支持するのは合理的なセルフィッシュネス、つまり人が人として生きるのに必要な価値、すなわち人間的生存に要する価値です。原始的な生贄の風習から抜け出せず、工業社会など見たこともなく、自己利益と言えば目の前の欲しいものを奪い取ることしか思い浮かばない、非合理的な獣の欲望・感情・熱望・フィーリング・気まぐれ・ニーズを満たす価値ではありません。

オブジェクティビズム倫理学が提唱する考えは、人間にとっての善は、誰の犠牲も要求せず、誰のためのどんな犠牲によっても実現できない、というものです。自分が正当に獲得したもの以外を望まず、自分を犠牲にせず、他人を犠牲にせず、お互いの取引によって価値を交換する限り、利害の衝突は起こらない、つまり合理的な人間の利害は衝突しないというものです。

取引〔trade〕の原則は、個人的関係か社会的関係か、私的関係か公的関係か、精神的関係か物質的関係かを問わず、あらゆる人間関係において、ただ一つの合理的な倫理原則です。それは正義の原則です。

取引によって生きる人たち、つまり商人〔traders〕とは、自分が得るものを稼ぎ出し、値しないものは与えもせず、受け取りもしない人間です。商人は、他人を主人としても奴隷としても扱わず、独立した対等の相手として扱います。自由で自発的な取引、強制も強要もされない取引、つまり互いの利益になると互いが判断する取引を手段として、他人と関係を結びます。商人は、自分が履行しなかったことに支払ってもらおうとは期待しません。自分が達成したことだけに支払ってもらおうと期待します。商人は、自分の失敗の責任を他人に肩代わりさせません。他人の失敗の責任を保証するために、自分の人生を担保に差し出したりしません。

精神面においても、通貨つまり交換手段が異なるだけで、原則は同じです（「精神」という言葉を、私は「人間の意識に関わる」という意味で使っています）。愛や友情や敬意や憧れは、相手の美徳に対する感情的な反応です。相手の人格の美徳から自分が得る、個人的で利己的な喜びに、対価として支払う精神的な報酬です。「相手の美徳の素晴らしさを認めるのは、無私の行為だ」「天才と付き合おうが愚か者と付き合おうが、英雄と会おうがチンピラと会おうが、理想の女性と結婚しようが下劣な女と結婚しようが、自分の利己的な興味や喜びに何の違いもない」などと主張する人がいたら、それは獣か利他主義者です。精神的な人間関係においては、商人とは自分の弱さや欠点ゆえに愛されようとはせず、自分の美徳ゆえにのみ愛されようとする人間です。相手の弱さや欠点を愛さず、相手の美徳のみを愛する人間です。

愛するとは、価値あると認めることです。合理的にセルフィッシュな人だけが、自尊心を持つ人だけが、愛する能力を持つのです。なぜなら自尊心を持つ人だけが、一貫して、妥協なく、裏切ることなく価値を守れるからです。自分自身を価値あると認められない人に、何かを、あるいは誰かを価値あると認めることはできません。

社会は個人に有益か？　それはどのような条件で？

人は合理的なセルフィッシュネスを基盤にしてのみ、つまり正義を基盤にしてのみ、自由で平和で豊かで思いやりにあふれた*合理的な*社会で共生できるようになるのです。

人間社会に生きることで、人は個人的な利益を得るでしょうか。得ます。ただしそれは、その社会が*人間らしい*社会なら、です。社会的生存は、二つの素晴らしい価値を可能にします。知識と取引です。人間は、知識の蓄えを世代から世代に伝えて広げていく唯一の生きものです。人間に利用できる知識の量は、一人が一生かけても獲得できないほど膨大です。すべての人が、他人に発見された知識から計り知れない利益を得ています。二つ目の素晴らしい利益は分業です。分業は、各人が特定の分野の仕事に努力を集中し、他の分野に特化した人たちと取引することを可能にします。こうした協業に参加することによって、無人島や自給自足農場で各自が必要とするものをすべて生産しなくてはならないよりも、ずっと多くの知識・スキル・収穫を得ることができます。

　しかし、まさにこれらの利益が明らかにしていることがあります。それは、互いに価値ある存在になれるのはどのような人たちか、どのような社会でそうなれるかということです。つまり、合理的で、生産的で、独立した人たちだけが、合理的で、生産的で、自由な社会でのみ、互いに価値ある存在になれるということです。寄生者、泥棒、たかり屋、獣、暴漢といった者たちは、人にとって価値ある存在になれません。そういう連中を守るようにつくられた社会では、人はどんな利益も得られません。人を生贄として扱い、そういう連中の悪徳に報いるために人の美徳にペナルティを課す社会、つまり利他主義の倫理を基盤とする社会では、人はどんな利益も得られません。自分のいのちに対する権利の放棄を義務づける社会が、人間のいのちにとって価値を持つことはあり得ません。

　オブジェクティビズム倫理学における基本的な政治原則は、他人に対して絶対に先に物理的強制力を行使してはならないというものです。犯罪者になる権利、つまり他人への物理的強制力を先に行使する権利は、誰にもありません。どんな集団にも、社会にも、政府にも、です。物理的強制力は、先に物理的強制力を行使してきた者に対する報復としてのみ、行使する権利が認められます。この点に関する倫理原則は単純明快です。これは殺人と正当防衛の違いです。強盗は、被害者を殺すことで価値を、つまり富を得ようとします。これに対して強盗の被害者は、強盗を殺すことでより豊かにはなりません。物理的強制力によって、他人からどんな価値も得てはならないというのがこの原則です。

政府のただ一つの道徳的な目的は、個人の権利の保護です。つまり人々が持つ生命権・自由権・財産権・幸福追求権を、物理的な暴力から保護することです。財産権なしには、他のどんな権利も成り立ちません。

この短い講演で、オブジェクティビズムの政治理論まで論じるのは差し控えます。関心のある方は、『肩をすくめるアトラス』をお読みください。ここでは次のことだけ述べておきます。すべての政治体制は、何らかの倫理学を基盤にしています。そしてオブジェクティビズム倫理学は、今日世界中で破壊が進むある政治経済体制の、道徳的な基盤なのです。この政治経済体制は、まさに道徳的・哲学的な擁護が欠けているために、正当性の証明が欠けているために、破壊が進められています。その政治経済体制とは、アメリカ建国時の体制、つまり資本主義です。もし資本主義が滅びるとすれば、それは発見も認識もされないまま、闘わずして滅びることになるでしょう。資本主義ほど多くの歪曲や誤認や虚偽で隠蔽されてきたものはありません。今日、資本主義とは何か、それはどのように機能するのか、実際にどのような歴史をたどってきたのかを知る人はほとんどいません。

私が言う「資本主義」は、完全な、純粋な、統制も規制もされない、自由放任の資本主義です。国家と教会が分離されたのと同じ理由で、同じように、国家と経済が分離された体制です。純粋な資本主義の体制は、これまで存在したことがありません。アメリカでさえそうです。資本主義は、最初から多かれ少なかれ政府の統制で損なわれ、歪められてきました。資本主義は、過去の体制ではありません。未来の体制です。人類に未来があるならば、ですが。

哲学者たちが資本主義に反逆してきた歴史と、その心理的な原因については、私の著書『新しい知識人たちへ（*For the New Intellectual*）』（未邦訳）に収録した同じタイトルのエッセイで論じました。興味がある方はお読みください。

神秘主義・社会主義・主観主義はどう違うのか

ここでは、倫理の問題に限って論じなければなりません。ここまで私の倫理体系の骨子に絞ってお話ししてきましたが、世界を現在の状態にしてきた三大主流倫理学、つまり神秘主義、社会主義、主観主義が死の道徳であるのに対して、オブジェクティビズム倫理学が生の道徳であることは示せたはずです。

これら三つの倫理学の違いは、アプローチのしかたにしかありません。内容に違いはありません。これら三つの倫理学は、利他主義のバリエーションに過ぎません。利他主義とは、人間を生贄と見なす倫理学です。「人間には、自分のために生きる権利がない」「人は他人に奉仕することでしか、生きていることが正当化されない」「自己犠牲は、人間にとって最高の道徳的義務であり、美徳であり、価値である」と考える倫理学です。神秘主義と社会主義と主観主義の違いは、誰を誰の犠牲にするべきかの違いにしかありません。利他主義では死が究極目的であり、価値基準です。利他主義では放棄、断念、自己否定、自己破壊を含むあらゆる苦難が美徳とされますが、これは論理的必然なのです。そして利他主義の実践者たちがこれまで達成したことも、現在達成しつつあることも、論理的必然として、これらのことだけです。

　観察していただければわかりますが、これら三つの倫理学は内容において反-生命（アンチライフ）であるだけでなく、アプローチ方法においても反-生命（アンチライフ）です。

　神秘主義の倫理学は、次の前提を明白な基盤にしています。「人間の倫理の価値基準は、現世を越えた超自然的な異次元世界の法や要請が決める」「倫理は、人間には実践不可能である」「倫理は、この地球上における人間の生に適合せず、敵対する」「人間はその責めを負わなければならず、『実践不可能なことを実践できない罪』を償うため、現世で生きるあいだ苦しみ抜かなければならない」。この倫理学を現実化してみせたのが、中世の暗黒時代です。

　社会主義の倫理学は、神を「社会」に替えます。この理論は、現世での生を最大の関心とする理論とされています。しかし、この理論の関心対象は人間の生ではありません。この理論の関心対象は個人の生ではなく、集団という実体のない存在の生なのです。そして一人ひとりの個人の立場からは、集団とは自分以外の全員です。この倫理学において個人にとっての義務は、他人が主張する必要や権利や要求の、私心なき、声なき、権利なき奴隷になることです。資本主義のモットーとされる「犬が犬を食うがごとき」という慣用句は、資本主義にも犬にも当てはまりませんが、社会主義の倫理学には間違いなく当てはまります。この理論を現実化してみせたのがナチスドイツやソ連です。

主観主義の倫理学は、厳密には理論ではありません。それは倫理の否認です。さらにこの倫理学は、現実の否認でもあります。単に人間存在の否認であるだけでなく、あらゆる存在の否認です。「人間は客観的な行動原則を必要としない」「現実は価値についての白地小切手を人間に与える」「善悪は各人が好きに選べばよい」「個人の気まぐれは正当な道徳基準だ」「問題はいかにやり過ごすかだけだ」。こんなことを本気で考えたり人に説いたりする人たちは、ぐにゃぐにゃと定まらないヘラクレイトス的宇宙観にでも毒されているのでしょう。この理論を現実化してみせているのが、今の私たちの文化のありさまです。

今人々を救えるのは哲学だけ

文明世界が衰退を続け、今や滅亡の危機に瀕しているのは、人々の不道徳のせいではありません。人々が実践するように求められてきた道徳のせいです。責任は利他主義の哲学者たちにあります。利他主義の哲学が成功したからこそ、現在の惨状に至っているのであって、彼らに人間の本性を呪う権利などありません。人類は利他主義の哲学に従った結果として、その理想を現実化したのですから。

人々の目的を定め、人々の生きかたを決めるのは哲学です。今人々を救えるのは哲学だけです。今日世界は一つの選択に直面しています。文明を滅びさせたくないなら、利他主義の道徳こそ、人々は拒絶しなければなりません。

最後に、この言葉で私の話を締めます。利他主義の道徳を説く過去の、そして現在のすべての者たちに向けた、ジョン・ゴールトの言葉です。

みなさんは、恐怖を武器として使ってきました。みなさんの道徳を拒んだ罰として、死を与えてきました。私たちは、私たちの道徳を受け入れる報酬として、いのちを提示します。

第二章

精神的な健康の敵としての神秘主義・自己犠牲

Mental Health versus Mysticism and Self-Sacrifice

ナサニエル・ブランデン

精神的な健康の基準、つまり生物学的に精神がきちんと機能しているかどうかの基準は、肉体的な健康の基準と同じで、それはその人の生存と幸福です。現実を自分の頭脳の働きでコントロールすることによって、自分のいのちを維持・向上できていればできているほど、その人の頭脳は健康と言えます。

自尊心なしに精神的健康は保てない

このようなコントロールができていることの証(あか)しが、自尊心です。自尊心は、思考が理性に完全にコミットしていることの結果であり、表現であり、報酬です。理性、つまり感覚器官から提供される材料を識別して統合する機能は、人間の基本的な生存の道具です。理性にコミットするということは、知的焦点を完全に維持し、理解と知識を常に拡大し、自分の信条と矛盾なく行動し、決して現実を偽らず、現実を何事の下にも置かず、自分自身に矛盾を許さず、意識を適切に機能させることを怠ったり妨げたりしないことにコミットするということです。

「意識の適正な機能」とは、知覚すること、認知すること、そして行動をコントロールすることです。

健康な意識とは、妨げられていない意識、統合された意識、思考する意識です。不健康な意識とは、遮断された意識、回避的な意識、対立に引き裂かれて自分自身と矛盾する意識、恐怖で崩壊した意識であり、鬱で動きを失った意識であり、現実との関係を失った意識です。[*1]

人間が現実への対処に成功する、つまり、自分のいのちに必要な価値を追求して達成するには、自尊心が必要です。言い換えれば、自分には能力がある、自分には価値があると確信していることが必要です。

不安と罪悪感は、自尊心とは正反対のものです。これらは、思考の整合性を失わせます。そして価値を歪め、行動する力を失わせます。不安と罪悪感は、精神が病んでいるしるしなのです。

自尊心のある人は、自分にとっての価値を選び、自分の目的を定めます。そして長期の目標を立てます。自尊心のある人の行為は、長期の目標に従います。自尊心のある人にとって長期の目標は、自分のいのちが未来へと躍進していく架け橋のようなものです。この架け橋を支えるのが、自分の頭脳には思考し、判断し、価値を認める優れた力がある、自分は価値を享受するに値するという確信です。

自分は現実をコントロールできているという感覚を持てるかどうかに、特別なスキルや、能力や、知識があるかどうかは無関係です。個々の具体的な成功や失敗とも無関係です。この感覚は、現実に対する自分の根本的な関係が映し出されたものです。言い換えれば、自分には根本的な有用性と価値がある、自分は現実に根本的・原理的に適合していると確信できていることの反映です。自尊心は、形而上学的な評価なのです。

伝統的な道徳は、このような精神状態を不可能にします。伝統的な道徳を受け入れるほど、このような精神状態から遠ざかってしまいます。

神秘主義も自己犠牲の教えも、精神的な健康とは相容れません。自尊心とも相容れません。これらは、肉体にも精神にも破壊的に作用します。

信仰は頭脳を破壊する

㈠　人間は、理性を徹底的に駆使しなければ、いのちを維持できません。自尊心も獲得できません。それなのに人々は、信仰こそ道徳に不可欠の基盤であると教えられています。

信仰とは、感覚的証拠がなく、合理的に証明されてもいない信念に意識をコミットさせることで

＊1　詳細は私の著書『アイン・ランドとは何者か（*Who Is Ayn Rand?*）』（未邦訳）の「Objectivism and Psychology」の章を参照してください。

す。

　理性を判断基準にすることを拒否したら、人は自分の気分を判断基準にするしかなくなります。神秘家とは、自分の気分を認知の手段として扱う者です。信仰とは、気分を知識と同等に扱うことなのです。

　信仰という「美徳」を実践するには、自分の観察と判断を、進んで保留しなければなりません。理解不可能なもの、つまり概念化できず自分の他の知識に統合できないものを進んで受け入れなければなりません。「自分は理解している」という昏睡状態のような幻想に、進んで溺れなければなりません。自分の批判能力を自分の罪と見なして、進んで押さえつけなければなりません。異議になるような疑問を、進んで忘れなければなりません。理性が本来の機能を果たそうと、つまり、自分のいのちと認知的統一を守ろうともがくのを、進んで握り潰さなければなりません。

　人間のあらゆる知識・概念には階層構造があるということを忘れないでください。感覚－知覚は、人間の思考の基礎であり、出発点です。感覚－知覚という基盤の上に、人は最初の概念群を形成します。そして概念のスケールを広げながら、新しい概念を次々に識別し、統合していきます。こうして人は、自分の知識の殿堂を築いていきます。人間の思考が有効であるためには、このプロセスが論理、すなわち「矛盾なく識別する技術」にのっとっていなければなりません。そして自分が新たに形成するあらゆる概念が、自分の知識の階層構造に矛盾なく統合されなければなりません。**統合できない観念を自分の意識に導き入れることは、意識の統合機能を破壊する行為です。そ**

れは自分のあらゆる確信を損なう行為であり、物事を確信する能力を潰す行為です。統合できない観念とは、現実から導かれていない観念であり、正当性を理性のプロセスで確認できない観念であり、合理的に検査も判定もできない観念です。そして、中でも最悪のこととして、自分の他の概念や現実理解と食い違う観念です。これが、『肩をすくめるアトラス』でジョン・ゴールトが「信仰は知識への近道（ショートカット）とされています。しかしそれは頭脳を破壊する短絡（ショートサーキット）に過ぎないのです」と述べたことの意味です。

　理性には理性のものを任せ、信仰には信仰のものを任せられるなどと思うのは大きな間違いです。少しでも信仰にゆだねたらおしまいなのです。自分の意識を一寸でも明け渡したら、意識の全部を明け渡すことになります。頭脳にとって理性は絶対であるかそうでないかのどちらかです。もし絶対でなければどこにも境界線を引けず、信仰がどこからでも忍び込んできて、人生の全領域が侵されかねません。そうなると、もし気分が許してくれなければすぐにも理性を失うことになります。

　信仰は、どんな生体組織も無傷で持ちこたえられない悪性腫瘍のようなものです。信仰にすがった人間は、最も理性を必要とする場面で、信仰に頼るようになります。理性よりも信仰に依拠し始めたら、現実の絶対性を否定し始めたら、たちまち自分の意識が絶対性を失います。そして、自分の頭脳がもはや信頼できない器官になります。自分の頭脳が、神秘家たちの主張どおりのものになります。つまり、歪曲の道具になります。

㈡　人間が自尊心を必要とするというのは、現実をコントロールできる感覚が必要だということです。ところが世界が超自然的で、原因と結果につながりがなく、奇跡的な神秘に支配されていて、それを自ら認めていたら、それは無理です。幽霊や悪霊に支配され、知らないことではなく知ることができないことと対峙しなくてはならなかったら、それは無理です。宇宙全体がお化け屋敷だったら、それは無理なのです。

㈢　人間は、この地上世界の現実に意識を向けなければ、いのちを維持できません。自尊心も獲得できません。それなのに、人々はこう教えられています。道徳的になるためには、人はこの地上世界をさげすまなければならないと。つまり、感覚で知覚できる世界をさげすまなければならないと。そして、「別の」「より高次の」現実について思いめぐらせなければならないと。この「別の」「より高次の」現実は、理性ではとらえられず、言語では伝えられないのだと。この「別の」「より高次の」現実には、啓示によって、特殊な弁証法的プロセスによって、禅仏教で「無心」と呼ばれる高度に知的で清明な状態によって、あるいは死によってしか、到達できないのだと。

存在する現実は一つです。つまり、理性で認識できる現実だけです。人間にとって、現実を知覚することを選ばないということは、何も知覚しないということです。この世に関心を向けないということは、何にも関心を向けないということです。

「別の」世界の、神秘的な空想にふけって得られる結果は、現実世界で自分が無能になることだけです。人間は、この地上で人間的に生きられるように、洞窟から出て物質世界を変革してきました。人間がこのような変革を実現したのは、非存在について思いめぐらすことによってではありません。つまり、超越的なもの、言語に絶するもの、定義不可能なものについて思いめぐらすことによってではありません。

「思考を放棄することは美徳だ。思考を駆使することは罪だ」「統合失調症の精神状態に近づくことは美徳だ。知性を明晰に保つことは罪だ」「この地上世界をけなすことは美徳だ。この地上世界を生きるのに適した世界に変えることは罪だ」「苦行は美徳だ。働くことや行動することは罪だ」「人生をさげすむことは美徳だ。自分自身の人生を維持し享受することは罪だ」。こんなことが正しいなら、人間には自尊心を持つことも、現実をコントロールすることも、能力を発揮することも、まったく不可能になります。人間に可能なのは、「美徳」としるされたドアは自滅へとつながり、「能力」としるされたドアは自罰へとつながる宇宙、つまり形而上学的サディストが作り出した迷宮に哀れにも投げ込まれたような、罪悪感と恐怖だけになります。

自己犠牲を美徳にすることの意味

㈣　人間は思考する力、生きる力に誇りを持たなければ、いのちを維持できません。自尊心も獲得できません。それなのに、人々はこう教えられています。誇りを持つこと、特に知性に誇りを持つことは道徳上の罪だと。美徳は、謙遜から始まると。つまり、自分の頭脳は無力で、ちっぽけで、無能だと認識することから始まると。

神秘家たちは、こう問い詰めます。人間は全知かね？　人間は無謬かね？　神または神の代理人の言葉に異議を申し立てて、何ごとかを審判する立場に自分が立とうとするなど、甚だしい思い上がりではないかね？

神秘家たちの馬鹿げたほのめかしに反して知性に誇りを持つとは、自分を全知・無謬と認識することではありません。むしろ、知識の追求には努力と苦心が必要だからこそ、この責任を引き受ける人は、正当な誇りを感じることができるのです。

話し言葉では、「誇っている」〔pride〕という言葉が、「実際は達成していないことを達成したかのように装っている」という意味で使われることがあります。しかし、自分にない美徳があるふりをするハッタリ屋は、誇りなど感じていません。このようなハッタリ屋は、単に自分の器の小ささを最も不名誉なやりかたでさらしているのです。

誇りは、価値を達成する自分の力に対して起こる反応です。そして、自分に能力があることに感じる喜びです。これを神秘家たちは、邪悪と見なすのです。

もし自信ではなく疑いが人にふさわしい道徳的状態であり、自立ではなく自己不信が美徳の証拠であり、自尊心ではなく恐れこそが無欠のしるしであり、誇りではなく後ろめたさが目標だったとしたなら、精神疾患が道徳的理想となり、神経症患者こそが最高の道徳実践者となり、考える人や達成する人はあまりに堕落していて尊大であるために自己の存在の正当性を疑いもせず、美徳や心理的健全さを追求することができない罪人だということになるでしょう。

神秘主義の道徳では、謙遜が基本的な美徳とされます。これは必然です。謙遜は、思考を放棄した人たちに可能な唯一の美徳なのです。

誇りは、稼ぎ獲らなければならないものです。それは、努力と達成に対する報酬です。これに対して、謙遜という美徳の獲得に必要なのは、思考を控えることだけです。他には何も必要ありません。それだけですぐに、自分には価値がないと感じることができます。

(五) 人間は、自分にとっての価値、自分の頭脳とその判断、そして自分のいのちに忠実でなければ、いのちも自尊心も維持できません。それなのに、人々はこう教えられています。道徳的であることの核心は、自己犠牲だと。つまり自分の思考を、何かもっと高い権威のために犠牲にすることだと。そして自分にとっての価値を、誰であれ他人から犠牲にするように求められたら、犠牲にすることだと。

自己犠牲の教えは、無数の悪を必然化します。しかしその分析は、ここでは不要です。自己犠牲の教えの不合理さと破壊性は、『肩をすくめるアトラス』で暴き尽くされています。とはいえ、この教えの邪悪さには、特に精神の健康に関わる面が二つあります。

一つ目は、自己犠牲とは、頭脳を犠牲にすること、そしてこれ以外は意味し得ないという事実です。

犠牲とは、より低い価値または価値のないもののためにより高い価値を投げ出すことだ、と覚えておく必要があります。自分にとって価値があるものを獲得するために、価値がないものを放棄することは犠牲ではありません。より高い価値を獲得するために、より低い価値を放棄することも犠牲ではありません。これらは犠牲ではなく、利得です。

さらに、人間にとってのあらゆる価値は階層構造で存在していることを忘れないでください。人それぞれに、あるものは別のものよりも高い価値があります。合理的な人ほど、価値の序列も合理的です。つまり合理的な人は、自分のいのちと幸福への貢献度に応じて、物事を価値づけています。自分のいのちと幸福を害するもの、人間としての本来的性質とニーズに反するものを、マイナスに価値づけています。

対照的に、精神が病んでいる人の特徴の一つは、価値構造が歪んでいることです。神経症に陥っている人は、物事の価値を客観的なメリット、つまり、自分の人間としての本来的性質とニーズとの関係で評価しません。よく神経症の人は、自分を破滅に導く物事を、価値ある物事と見なします。客観的な基準で判断すれば、このような人は、慢性的な自己犠牲のプロセスに陥っています。

しかし、もし犠牲が美徳なら、神経症の人ではなく合理的な人こそ「治療」が必要ということになります。自分の合理的な判断を捻じ曲げること、自分にとっての価値の階層を逆転させること、自分の頭脳が善いと判断したものを放棄すること、自分の意識を無効と見なして無視すること。このようなことを、合理的な人は学習しなければならないことになります。

神秘家たちは、こう言うかもしれません。「私たちは人々に、自分自身の幸福を犠牲にすることを要求しているだけです」と。自分の幸福を犠牲にすることは、自分の願望を犠牲にすることです。自分の願望を犠牲にすることは、自分にとっての価値を犠牲にすることです。自分にとっての価値を犠牲にすることは、自分の判断を犠牲にすることです。自分の判断を犠牲にすることは、自分の思考を犠牲にすることです。そしてこれこそが、自己犠牲の教えの狙いであり、要求なのです。

人間には自分自身の判断に基づいて行動する権利と必要があることこそがセルフィッシュネスの根幹です。自分の判断を犠牲の対象にしたら、いったい人間にどんな能力が可能でしょう？　どんなコントロールが可能でしょう？　どんな安らぎが可能でしょう？

偽善によってしか維持できない道徳

二つ目は、自己犠牲だけでなく、伝統的な道徳のすべての教義に関係します。不合理な道徳が、必然的に人々に信じさせようとすることがあります。不合理な道徳とは、人間の本来的性質に反する道徳、現実の諸事実に反する道徳、人間の生存に不可欠な諸条件に反する道徳です。それは、「道徳的なことと実際的なことが対立するのは、避けられない」「人間は『高潔でいるか、幸福でいるか』『理想主義を貫くか、成功するか』のどちらかを選ばなければならない。両方は達成できない」ということです。このような考えは、人間存在の最深部に、ある破壊的な対立を植えつけます。人間を引き裂く、致命的な二項対立を植えつけます。この二項対立は、生きる能力がある存在になるか、それとも生きる価値がある存在になるかの選択を人間に迫ります。しかし人間は、これら両方を達成しなければ、自尊心も精神の健康も得られません。

地上での生を善と見なす人、合理的存在としての生きかたにふさわしいかどうかで自分にとっての価値を判断する人にとっては、生きるために必要なことと道徳のあいだに、何の対立もありません。生きる能力がある存在になることと生きる価値がある存在になることのあいだに、何の対立もありません。このような人は、前者を達成することで後者を達成します。これに対して、現世の放棄を善と見なす人、いのちや、思考や、幸福や、自己を放棄することを善と見なす人にとっては、両者は常に対立します。反-生命（アンチライフ）の道徳では、人間は生きる能力がない存在になるほど、生きる価値がある存在になります。生きる能力がある存在になるほど、生きる価値がない存在になります。

伝統的な道徳を擁護する者は、たいてい次のように反論します。「いやいや、極端に走る必要はないのです」。その意味するところはこうです。「私たちは、人々が完全に道徳的になることは望んでいないのです。ある程度の自己利益は、こっそり自分の生活に持ち込んでほしいのです。結局のところ、人は生きなければなりません。私たちも、それはわかっています」

つまり、首尾一貫して自滅的な実践をする人などほとんどいないから大丈夫だ、という擁護なのです。公言している道徳的信念に裏でそむくことが、つまり偽善が、人を自滅から守ってくれるというわけです。こんなことを実行する人の自尊心は、いったいどうなるでしょう?

そして偽善に徹することができない気の毒な人たちは、いったいどうなるでしょう?

「自分は生まれながらに罪深く、自分の肉体は邪悪で、思考は罪で、質問は冒瀆で、疑うことは悪行で、聖霊の命令には従わなければならず、もし従わなければ地獄に落ちて永遠に焼かれる」と教える親のたわごとに対処できず、恐怖のあまり自閉的世界に閉じこもる子供は、いったいどうなるでしょう？

憎む理由しか与えられてこなかった病父の介護に、自分の人生を捧げる気になれないことに罪悪感を覚えて、衰弱してしまう娘は？

「セックスは悪であり、男は女を崇拝しなければならず、欲望してはならない」と教えられてきたせいで、男色に走ってしまう青年は？

幾年にもわたる倹約と勤勉に徹した末に、成功するという罪を犯し、「金持ちが天国に入るのは、ラクダが針の穴を通るより難しい」と教えられ、不安からパニックに陥るビジネスマンは？

「悲惨と無益と滅亡が支配するこの世界では、どんな幸福も達成も不可能だ」と説かれ続けたために、完全な絶望に陥り、自分が直面する問題を解決しようとするのをやめてしまう神経症者は？

このような教えを説いた者たちが、もし道徳的に重大な責任を負うなら、それよりさらに重大な責任を負う者たちがいます。それは、心理学者と精神科医です。彼らは、こうした教えによって廃人化した人たちを目にしながら、沈黙を続け、抗議の声を上げず、「哲学や道徳の問題には関心がない」「科学に価値判断はできない」と公言し、「合理的な道徳律など不可能だ」と断じて、自分の職業的義務から逃げてきたのですから。自らの沈黙によって、魂の殺人に承認を与えてきたのですから。

（一九六三年三月）

第三章

緊急時の倫理

The Ethics of Emergencies

アイン・ランド

「溺れている人に遭遇したら、自分のいのちを危険にさらしてでも助けるべきでしょうか?」。倫理の問題を考えるとき、こういう問いを実に多くの人が持ち出します。他にも、燃えさかる建物から脱出できずにいる人、猛スピードで近づくトラックに轢かれそうになっている人、絶壁に指先でぶら下がって谷底に落ちそうになっている人などのバリエーションがあります。この事実から、利他主義が人間の心理に与える効果を見て取ることができるでしょう。

利他主義は他人への愛を自分への脅威にする

なぜこういう問いを持ち出してくるのか、その背景を考えてみましょう。利他主義の倫理を受け入れた人は、次の状態に陥ります(深く受け入れるほど、結果も深刻です)。

第一に、自尊心がなくなります。価値の領域での第一の関心が、自分自身の人生をどう生きるか、ではなく、自分自身の人生をどう犠牲にするか、になるからです。

第二に、他人への敬意がなくなります。人類を、誰かの助けを求めて泣き叫ぶ物乞いの群れと見なすようになるからです。

第三に、悪夢的な世界観を持つようになります。人間は「悪意の宇宙」に閉じ込められていて、いつも災いを第一の関心として生きるしかないと信じるようになるからです。

第四に、倫理への関心を失います。倫理に絶望して冷笑的になり、無気力な無道徳状態に陥ります。利他主義の倫理では、自分が生きる上での実際的な問題とは無関係な、現実にはまず遭遇しない状況での行動ばかりが問われるので、結果的に道徳原則を持たないまま生きるしかなくなるからです。

他者を助けることこそ倫理における最重要課題だとしたことで、利他主義は本物の善意という概念を台無しにしたのです。そして人々に、他人に価値を認めることは無私の行いだという考えを植えつけました。結果として人々は、「他人を心の底から思いやるなんて、人には不可能だ」「他人に価値を認めることは、自分を犠牲にすることだ」「他人に感じる愛情や尊敬は、自分の喜びのみなもとではないし、なり得ない」「他人に愛情や尊敬を感じることは、自分の生存に対する脅威だ。それは自分が犠牲になる白地小切手を、愛する相手に渡すことなのだから」と思い込むようになりました。

「どんな生きものにも、自分はいっさい関心がない」「人だろうが犬だろうが、車に轢かれて道に倒れていても、自分は助けるために指一本動かす気がない」。こんなことを公言してはばからないサイコパスたちがいます。そう公言することで彼らは、自己犠牲への反逆を表明しています。しかし彼らは、利他主義の基本的な前提に異を唱えているわけではありません。彼らは「人間性を抹殺する」という利他主義の効果の、究極の体現者です（轢いたまま逃げ去るドライバーも、多くは彼らの同類です）。彼らは、利他主義の二項対立を受け入れた上で、反対側を選んだのです。

たいていの人は、利他主義が強いる偽りの二項対立のどちらも受け入れていません。また、実践もしていません。しかしこの偽りの二項対立は、人々にとんでもない知的混乱をもたらしています。特に混乱しているのが、人間どうしの適切な関係をめぐる問題や、人が他人に差し伸べてよい助けの性質・目的・範囲をめぐる問題です。今日善良で分別ある人のほとんどが、自分の愛や愛着や善意を動機づける道徳原則を、どう概念化すればいいかわからずにいます。そして、利他主義の陳腐な決まり文句が支配する倫理の領域で、何ひとつ指針を見つけられずにいます。

人間が生贄ではない理由、他人を助けることが道徳的義務ではない理由については、『肩をすくめるアトラス』を参照してください。ここでは、他人を助けることが自己犠牲にならないケースを識別し評価するための、原理原則を論じます。

「犠牲」とは、より小さな価値または無価値のために、より大きな価値を放棄することです。ですから利他主義では、自分にとっての価値をどの程度放棄するか、どの程度裏切るかで人間の徳性が計られます（見知らぬ他人や敵を助けるほうが、愛する人を助けるより道徳的で、「利己的」ではないと見なされるのですから）。合理的な行動原則は、その正反対です。つまり、「常に自分にとっての価値の階層に従って行動しなさい」「より大きな価値を、より小さな価値の犠牲にしては決してならない」というものです。

この原則は、自分が他者に対してどう振る舞うかを含む、すべての選択に当てはまります。そのためには合理的価値（合理的基準によって選択し実証した価値）の階層を定義しなくてはなりません。価値の階層がなければ、合理的な行動も価値判断も道徳的選択も不可能です。

愛する人を救うのは利己的な行動

愛や友情は極めて個人的で利己的な価値です。愛とは、相手の人格の中に自分自身の価値を認めて呼応することであり、自尊心を表し、示すことです。人は、愛する人の存在自体から深く個人的な、利己的な喜びを得ます。人が愛に求め、愛から得るのは、自分自身の個人的な、利己的な喜びなのです。

「無私の」「私心なき」愛などというのは、言葉の矛盾です。それが意味するのは、自分が価値を認める存在が、自分にとってどうでもよいということなのですから。

愛する人の幸福に心を配ることは、利己的な自己利益の合理的な一部です。妻を情熱的に愛する男が、致命的な病気にかかった妻の治療に大金を払うとき、これを「彼の妻のために犠牲になる行動」とか「彼自身のためではない行動」と呼ぶのは、馬鹿げています。彼の個人的・利己的な観点からは妻が生きようが死のうが何の違いもないなどと主張するのは、馬鹿げています。

愛する人のためにどんな行動を取ろうと、それが自分の価値の階層の中で、そして現実的な選択肢全体の中で、自分自身にとって合理的に最も重要な価値を実現するものならば、それは犠牲にはならないのです。前に挙げた例では、妻が生き延びることは、この夫にとって自分のお金で買える他の何より大きな価値があり、彼自身の幸福にとって最も重要なことです。ですから、その行動は犠牲ではないのです。

一方、もし男が利他主義の倫理に従って見知らぬ十人の女性のいのちを救う費用を出すために自分の妻の治療費を惜しんで見殺しにしたとしたら、それこそが犠牲です。ここでオブジェクティビズムと利他主義の違いが最も明白に現れます。もし行動の道徳性が犠牲で決まるなら、この夫は、見知らぬ女性十人のために妻を犠牲にするべきです。妻を見知らぬ女性十人から区別するものは何でしょう？　選択を迫られる夫にとっての、妻の価値以外の何ものでもありません。彼自身の幸福に、妻の生存が必要だという事実以外の何ものでもありません。

オブジェクティビズムの倫理は、この夫にこう教えます。「あなたにとって最も道徳的な目的は、あなた自身の幸福を達成することです。あなたのお金は、あなたのものです。あなたのお金は、あなたの妻を救うために使いなさい。それこそがあなたの権利であり、あなたにとって合理的な、道徳的な選択なのです」と。

利他主義の道徳家は、この夫に迷わず正反対のことを教えるでしょう。こんなことを教える者の魂がいったいどうなっているのか、ぜひ考えてみてください（そして、利他主義の動機が果たして博愛心なのかどうかも）。

溺れている人を助けるべきなのはどのようなときか

誰かを助けるべきか、いつ助けるかを判断するのに適切な方法は、自分自身の合理的利益と自分自身の価値の階層を参照することです。つまり、自分が与える時間、お金、努力、または自分が引き受けるリスクが、自分の幸福に照らしての相手の価値と釣り合っていなければなりません。

利他主義者お気に入りの、溺れている人の救助の例で説明しましょう。溺れているのが見知らぬ人の場合、この人を助けるのが道徳的に正しいのは、自分がいのちを失うリスクが最小のときだけです。自分がいのちを失うリスクが大きいときは、この人を助けようとするのは不道徳です。自分のいのちに、行きずりの他人のいのちほどの価値しか認めないのは、自尊心が欠けた人だけです（逆に自分が溺れたときは、自分のために他人がいのちの危険を冒してくれることを期待してはなりません。「自分のいのちは、他人にとってはその人自身のいのちほど価値を持ち得ない」と思い出さなければなりません）。

溺れているのが見知らぬ人ではない場合は、自分にとってのその人の価値に比例して、冒すべき危険が大きくなります。溺れているのが自分の愛する人なら、「愛するあの人がいない人生など耐えられない」という利己的な理由で、その人を救うために自分のいのちを差し出すことも道徳的です。

逆に、自分が泳ぐことができて、溺れている妻を助けることができたにもかかわらず、パニックに陥り、正当化できない不合理な恐怖に屈した結果、孤独と悲哀に押し潰されながら残りの人生を生きることになった人は、セルフィッシュではありません。そのような人は、道徳的に非難されます。なぜなら、そのような人は自分自身にそむき、自分にとっての価値にそむいたのですから。自分の幸福にとって決定的に重要な価値を守るために、闘わなかったのですから。価値とは、人がそれを獲得し維持するために行動するものです。そして自分の幸福は、自分の努力で達成しなければならないものです。自分自身の幸福こそが人生における道徳的目的ですから、もし自分がそのために闘わず、その結果として幸福を実現し損ねたとしたら、それは道徳的に有罪です。

愛する人を助けるという行動に関わる美徳は、「無私」でも「犠牲」でもありません。それは一貫性という美徳です。一貫性とは、自分の信念に忠実であることです。自分にとっての価値に忠実であることです。自分にとっての価値に従って行動することです。自分にとっての価値を表明し、擁護し、行動によって現実化することです。ある女性を愛すると表明しながら、その女性に無関心・不利益・有害な行動を取る男性は、一貫性が欠けています。そしてそれゆえに不道徳なのです。

同じ原則は、友だちどうしの関係にも当てはまります。友だちが困難に陥っているときは、犠牲にならない範囲であらゆる適切な手段で助けるべきです。たとえば友だちが飢えているときに、その友だちの幸福が自分の個人的な価値尺度に照らして重要であるという理由で、自分の趣味の道具を買う代わりにその友だちに食費を渡すのは、犠牲ではありません。それは、一貫性のある行動です。もし友だちの困窮より自分の趣味の道具のほうが大事なら、わざわざその人の友だちのふりをする必要はなかったのです。

友情や愛情は、実践としては、相手の幸福(合理的な幸福)を自分にとっての価値の階層に組み込み、それに従って行動することです。

ただし、このような友情や愛情は、相手が本人の美徳によって稼ぎ獲ったものです。単なる知り合いや見知らぬ他人には、与えることができないものです。

見知らぬ他人に価値はないのか？

では道徳上、見知らぬ他人には何を与えるべきでしょうか。人間の潜在的価値の名において与えられるべき、一般化された敬意と善意です。自分で失ってしまわない限り、このような敬意と善意にふさわしい価値を、人は潜在的に持っています。いのちはあらゆる価値のみなもとであり、生きものどうしは、このいのちという共通のきずなで結びついています。合理的な人は、このことを忘れません。そして、他人が潜在的には自分と同じ美徳を体現する能力を持っていることも、合理的な人は忘れません。

ただしこれは、自分のいのちを他人のいのちと交換可能なものと見なすということではありません。自分にとってのあらゆる価値のみなもとは、自分のいのちです。そして価値を認識する自分の能力のみなもとも、自分のいのちです。合理的な人は、これらのことを理解しています。だから合理的な人にとって最大の価値は、あくまで自分自身です。他人に認める価値は、この最大の価値の結果・延長・投影に過ぎません。

自尊心ある人たちが他人に抱く敬意と善意は、根本的にエゴイスティックなものです。彼らが感じているのは事実上、他の人々に価値があるのは、彼らが私と同じ生物種だからだということです。自尊心ある人たちは、生きものを尊ぶとき、自分のいのちを尊んでいるのです。これが、共感の感情や同じ生物種としての連帯感の、心理的な基盤です。

ナサニエル・ブランデン「Benevolence versus Altruism」

（『オブジェクティビスト・ニューズレター』一九六二年七月号）

人間はもともと認知も道徳も持たずに生まれるのですから、合理的な人は、自分が会った相手に罪があると証明されるまでは無実だと考え、潜在的に良い人間のはずだと見なします。そして、その人が実際に示した人格によって倫理的な判定を下すものです。相手が道徳上重大な罪を犯しているとわかった場合は、軽蔑と道徳的非難が善意に取って代わるでしょう（人間のいのちに価値を認める人が、その破壊者に価値を認めることはあり得ません）。相手が有徳であるとわかった場合は、徳性の高さに応じた個人的価値を相手に認めます。
緊急の状況で人が見知らぬ人を助けるのは、人命の価値に対する、このような一般化された善意と尊敬に基づいてのことです。そしてこれは、緊急の状況に限ってのことです。

緊急時の範囲を無原則に広げてはならない

人間の存在にとっての緊急事態における行動規範と、通常の状況における行動規範とは区別することが大切です。これはダブルスタンダードではありません。基準と基本原則は同じです。ただし適用にあたっては、この二つの状況が正確に定義されていなければなりません。

緊急事態とは、選択されておらず、予期されておらず、時間的に限られており、人間の生存が不可能な状況を生むということです。たとえば洪水、地震、火事、難破のような事態がそうです。緊急の状況では、災害と闘い、危険からのがれ、正常な状態を回復すること（岸にたどり着く、火を消すなど）が、人間にとって一番の目的になります。

「通常の」状況というのは、形而上学的に通常、つまり人間の存在にふさわしい通常という意味です。人間は陸の上で生きることはできても、水や猛火の中で生きることはできません。人間は全能ではありません。だから、予測できない災害に襲われる可能性が形而上学的に存在します。こうした場合に人間にできるのは、自分たちが生存できる状況を、回復させることだけです。緊急の状況はその性質上、一時的なものです。緊急の状況が続くようなことがあれば、人間は死ぬしかありません。

人が見知らぬ人を進んで助けるべきなのは、緊急の状況に限って、自分の能力の範囲内で、です。たとえば、人間のいのちに価値を認める人は、自分が乗っている船が難破したとき、同船者の救助を手伝うべきです（ただし、助けるために自分のいのちを犠牲にしてはなりません）。しかしこのことは、全員が岸にたどり着いたあと、同船者が抱える貧困や、無知や、ノイローゼや、その他のあらゆる問題の解決に、彼が尽力すべきことを意味しません。救助しなければならない遭難者を探して、世界中の海をヨットで回ることに残りの生涯を捧げなければならないことも意味しません。

日常生活で起こり得る例で言えば、たとえば近所の人が病気で一文無しになっているとします。病気や貧困は形而上学的な緊急事態ではなく、人間の生活にまつわる通常なリスクの一つです。とはいえ、この隣人は一時的に困窮しているのですから、自分に金銭的余裕があるなら（義務ではなく、善意に基づく行為として）、食料と薬を持って行ってあげてよいでしょう。あるいは、近所でこの隣人を助けるための募金を行ってもよいでしょう。しかしこのことは、その後もこの隣人を支援し続けなければならないことを意味しません。飢えて助けを必要としている人を探し回ることに、残りの生涯を捧げなければならないことも意味しません。

通常なら、人は自ら目標を選び、計画し、追求し、自らの努力で実現しなくてはなりません。自分の目標が他人に翻弄されたり、他人の不幸のために犠牲にされたりしたら、実現など不可能です。人間の生存が不可能な状況に当てはまるルールに従って生きることなどできないのです。

緊急事態に陥っている人々を救うべきであるという原則は、人間のあらゆる苦難を緊急事態と見なすところまでは広げられません。ある人たちに降りかかった不運を、別の人たちに支援を要求する権利に変えるところまでは広げられません。

貧困・無知・病気などの問題は、形而上学的な緊急事態ではありません。人間とこの世界の形而上学的な性質上、人は自分のいのちを自分の努力で維持しなければなりません。富であれ知識であれ、自分に必要な価値が、自然からの贈り物として自動的に与えられることはありません。自分に必要な価値は、自分の思考と労働で発見し、獲得しなければなりません。その意味で、人が他人に対して負う唯一の義務は、誰もが自分の価値を実現・獲得・保持できる自由な社会制度を維持することだけです。

根本にあるのは誤った世界観

どんな倫理体系も、人間の住む宇宙の基本性質についての理論、つまり形而上学に基づき、その理論から導き出されています。利他主義の倫理は「悪意の宇宙」の形而上学に基づいているのです。人はその生来の性質からして無力であり、悲運の定めを生きていて、成功・幸福・達成などおぼつかない、緊急事態や天変地異が日常茶飯事で、人間の第一の務めは災害と格闘することだ、という形而上学です。

この「悪意の宇宙」理論が間違いであることを端的に示す証拠があります。それは保険会社の繁栄です。もし宇宙が人間に敵対していて天変地異が例外ではなく日常茶飯事だとしたら保険会社がやっていけるはずがありません。

また、利他主義の提唱者が常に「救命ボート」状況を引き合いに出して「もし救命ボートであなたと別の人のどちらかしか助からないならどうするか」などと迫ってくるのは、人間の日常生活に基づいた倫理を実証できないからです。

現実に、人間は救命ボートで暮らしているわけではなく、救命ボートを前提にした形而上学理論は成り立ちません。

人生の道徳的な目的は、自分自身の幸福を実現することです。だからといって、自分以外の人間に無関心だとか、他人のいのちが自分には無価値だとか、緊急事態に他人を助けないということではありません。そうではなく、自分のいのちを他者の幸福のためにむやみに差し出さない、他者のニーズのために自分を犠牲にしない、他者の苦しみを和らげることが最大の関心にはならない、そして助けるというのは道徳的義務ではなく、善意の行為であって、日常というより例外的行為だということです。ちょうど天変地異が人間の存在にとって例外的で偶発的であるように、助ける行為も例外的で偶発的なのです。天変地異ではなく、実現したい価値こそが人生を駆動する最大の目標であり、動機なのです。

（一九六三年二月）

第四章

利益の「衝突」

The "Conflicts" of Men's Interests

アイン・ランド

オブジェクティビズムを学んでいるみなさんの中には、「合理的な人どうしに利益の衝突はない」というオブジェクティビズムの原則が、理解しにくいと感じる人もいるようです。次のような質問が典型的です。「同じ仕事に、二人の人が応募したとします。採用されるのは一人です。これは利益の衝突ではありませんか？　一人の利益を犠牲にして、もう一人の利益が達成されるのではありませんか？」

利益とは欲望が満たされることではない

合理的な人は、自分の利益について考えるとき、関連し合う四つの事柄を考慮します。先の質問は、この四つの事柄を無視、またはごまかしています。この問題について似た考えかたをする人は、全員そうです。この四つの事柄を、それぞれ(a)**現実**、(b)**状況**、(c)**責任**、(d)**努力**と呼ぶことにします。

(a) **現実**。「利益」という言葉は、倫理の領域全体をカバーする幅広い抽象化であり、人の価値・欲望・目標・現実的達成を含むものです。人の「利益」はどんな目標を選択するかによって決まり、人の目標の選択は欲望によって決まり、欲望は自分の価値によって決まり、価値は、合理的な人にとって、頭脳による判断によって決まります。

欲望は(そして感覚・感情・願望・気まぐれは)、認識の道具にはなりません。価値の基準としても、利益の判断基準としても、正当ではありません。ある人が何かを欲望しているという事実は、その人の欲望対象が善いことの証明にはなりません。その欲望の実現が、実際にその人の利益になることの証明にもなりません。

ある人の欲望が満たされていないのを、その人の利益が犠牲になっているのと同じと見なすということは、人間にとっての価値と利益を、主観主義で考えるということです。つまり、「目標が現実と矛盾していても、その目標を実現することは適切で、道徳的で、可能だ」と信じるということです。この世界を、不合理で神秘主義的な見かたで見るということです。つまりは、これ以上の検討には値しないということです。

目標(獲得・維持する具体的価値)を選ぶとき、合理的な人は、自分の気分や欲望ではなく、思考(理性のプロセス)に従って選択します。自分の欲望を宿命づけられていて分解しようのない所与の条件だとは思わず、「だって欲しいから」「そういう気分だから」などが行動を正当化する十分な条件になるなどと考えません。理性のプロセスによって自分の欲望を選択または特定し、自分の知り得る全体状況と他の価値や目標に照らして合理的に実証できないうちは、その欲望を実現しようと行動しません。「これが正しいからこれを望む」と言えるまでは行動しないのです。

矛盾を欲望する人たち

合理的な人が自分の利益を判断するとき、「AはAである」という絶対的な法則を無視することはあり得ません。合理的な人は、矛盾はあり得ない、矛盾は現実には実現し得ない、矛盾を実現しようとする試みは惨劇と破滅しかもたらさない、ということを知っています。だから、矛盾した価値観を抱くことも、矛盾した目標を追求することも、自分に許しません。矛盾の追及が自分の利益になるなど、想像することとさえ自分に許しません。

不合理主義者だけが、絶えず「利益」の衝突の真っただ中にいます（神秘主義者や主観主義者もそうです。信仰や感覚や欲望が価値の基準になると考える人たちを、私は全員このカテゴリーに入れます）。彼らが考える「利益」は、他人の「利益」と衝突するだけではありません。自分の「利益」どうしが衝突しています。

ケーキを食べたら手元に残らない、だから人生は解決不可能な葛藤の中にある、と嘆く男の問題を、哲学的に考察すべきだとは誰も思わないことでしょう。これをケーキ一切れよりも大きな範囲に拡大したところで、事態は変わりません。宇宙全体に広げた実存主義も、自分勝手な気まぐれに広げた一般の人も、同じ穴のムジナです。

人間の利益は現実と矛盾すると主張するところまで来ると、もはや「利益」の概念が意味を失います。こういう主張をする人の問題は、もはや哲学的ではなく心理的なものです。

(b)**状況**。合理的な人は状況を無視しません。どんなことについても自分の知識全体に照らし、矛盾を解消した上でしか確信を抱かないように、どんな欲求でも、状況を無視して抱き続けたり追求したりすることをしません。そしてどんな状況においても、自分の利益になるかならないかを判断するのに状況を無視することがありません。

状況無視は、心理的ごまかしの手段です。欲望に関しては、主に二種類の状況無視があります。範囲の問題の無視と、手段の問題の無視です。

合理的な人は自分の利益を人生全体でとらえて目標を選択するものです。これは全知全能や予知能力を意味しません。そうではなく、人生を目先の欲望にとらわれてさまよう浮浪者のように生きない、ということです。人生のどの瞬間も残りの生涯から切り離されたものとは見なさず、短期と長期の利害のあいだに葛藤や矛盾を許さないことです。今日の欲望を追い求めて明日の価値を台無しにするような自滅的行為をしないことです。

合理的な人は手段から遊離した目的を欲しがって憧れにふけったりしません。どうやって実現するのかを知り、学び、考えることなしにただ欲望を抱き続けることをしません。何かを欲したら自動的に与えられるわけではないこと、他人の人生や努力が自分のものではなく、自分の欲を満たすために存在しているわけではないことをわかっているので、合理的な人は直接または間接的に自分の努力で実現できない目標を追求したり欲望を抱き続けたりしないのです。

他人の不合理さを当てにするのは自滅への道

この「間接的に」を正しく理解するところから、社会についての重要な考察が始まります。人間は、自分のいのちを自分で支える責任からのがれられません。無人島ではなく社会の中で生きているからといって、この事実は変わりません。無人島で生きる場合との違いは、自分の生産物やサービスを他人の生産物やサービスと取引することによって、自分のいのちを支えることだけです。この取引のプロセスで、合理的な人は自分の努力で稼ぎ出せるより多くを求めませんし、望みません。自分の努力で稼ぎ出せるより少なくも求めませんし、望みません。何が自分の稼ぎを決めるのでしょう？　それは自由市場が決めるのです。つまり、自分と進んで取引してくれる人たち、努力を努力と交換してくれる人たちの、自発的な選択と判断が決めるのです。

誰かと取引するとき、人は相手の合理性を、はっきりと、または暗黙に、当てにしているものです。つまり、自分の仕事の客観的な価値を、相手が認識できることを当てにしています（それ以外の前提に基づく取引は、すべて詐欺です）。だから合理的な人は、自由な社会で自分の目標を追求するとき、他人の気まぐれや、好意や、偏見を頼みとしません。直接的には、客観的に価値ある仕事を自分がすることによって、間接的には、自分の仕事が他人から客観的に評価されることを通じて、合理的な人は、他ならぬ自分自身の努力を頼みとするのです。

合理的な人は、自分の努力で実現できない目標を欲望しないし、追求もしないというのは、このような意味なのです。合理的な人は、価値と価値を取引します。自分が稼ぎ出さないものは、追求も欲望もしません。目標を達成するために多くの人の協力が必要な場合、合理的な人が頼るのは、相手を説得する自分の能力と、相手の自発的な合意だけです。

言うまでもないことですが、合理的な人は他人の不合理さ・愚かさ・不誠実さに訴えるために、自分の基準と判断を歪めたり穢(けが)したりしません。それが自滅の道であることを、合理的な人は知っています。「どんなレベルのことであれ、何かに成功するには、そして何か人間的に望ましいことを実現するには、合理的な人たちと取引する以外に現実的なチャンスはない。合理的な人が大勢いようが、少数しかいなかろうが、このことに変わりはない」ということを、合理的な人は知っています。与えられた状況の中で何らかの勝利の可能性があるとき、それを獲得できるのは理性だけです。そして自由な社会では、どんなに困難な闘いでも最後に勝利するのは理性です。

合理的な人は、自分の課題を状況から切り離して考えることがありません。だから闘いを自分の利益になるものとして受け入れます。自由は自分の利益になると知っているからです。自分にとっての価値を実現する闘いには敗北の可能性が含まれていることを、合理的な人は知っています。自然相手であれ、他人相手であれ、人間は努力する他に道はなく、人間の努力に自動的な成功の保証はないことを知っています。だから合理的な人は、特定の敗北だけで自分の利益を判断しません。

特定の時点だけで自分の利益を判断しません。長期的な視野で生き、長期的な視野で判断します。そして自分の目標実現に必要な条件を知る責任を、当然のこととして受け入れます。

卑屈さは図々しさの裏返し

(c)責任。これはたいていの人がごまかしている、ある特殊な知的責任です。たいていの人が成功できず、フラストレーションをためている一番の原因は、この知的責任をごまかしていることです。

たいていの人は霧のかかった真空状態に目的を思い浮かべ、手段が何も見えない状態でぼんやりと欲望を抱いています。こういう人たちは、「~ならいいのに」と口にするあいだしか、自分の頭脳を目覚めさせません。そしてそこで止まってしまい、そこから先は何か未知の力に責任があるかのように、ただ待っているのです。

この人たちはこの社会を評価する責任を回避しているのです。与えられた社会に疑いを持たずに受け入れ、「この世界は自分が作ったものじゃない」というのが彼らの根っこにある態度です。そして、誰だか知らないがこの世界を作ったのであろう見知らぬ他者の理解不能な要求を無批判に受け入れて適応しようとだけするのです。

しかし、卑屈さと図々しさは心理的に同じコインの裏表です。自分自身を他人の支配に盲目的にゆだねる人は、支配される側には、支配する側に何でも盲目的に要求する特権があると思い込んでいるのです。

この種の「形而上学的卑下」は無数の形で現れます。たとえば、お金持ちになりたいと願うだけで、どんな手段で、どんな行動で、どんな条件で富を実現したらいいか考えもしない男がいます。己に判断など下せようがない、自分が作った世界でもなく、誰にもチャンスをもらえなかった、というわけです。

あるいは愛されたいと願うだけで、愛とは何か、愛に要する価値が何か、愛されるだけの美徳を自分が持っているかを考えようともしない女性がいます。自分に判断など下しようがない、愛というのは謎の恵みであって、ただ愛が欲しいだけで、誰かのせいで恵みのおこぼれにあずかれないだけだと思っているのです。

息子（または娘）に愛されないことを嘆き苦しみながら、息子の信念や価値や目標を無視し挫こうとし、この二つの事実のあいだに関係があるとは考えもせず、息子を理解しようとさえしない親たちがいます。こうした親たちが作ったわけじゃない世界、わざわざ疑いさえしない世界は、彼らにこう教えていたのです。子供は親を自動的に愛するものだと。

あるいは定職に就きたいと願うだけで、その仕事の要求する資格が何か、何をしたらいい仕事になるのかをまったく考えようともしない男性がいます。判断の下しようがない、自分の作った世界でもあるまいし、誰かが自分の生計を立ててくれなくてはならない、「どうやって？」と問われても、「どうにかして」と言うばかりです。

以前知り合いのヨーロッパ人建築家から、彼がプエルトリコを旅行したときの話を聞いたことがあります。彼はプエルトリコ人の生活条件がいかにみすぼらしいかを、世界全体への憤りを滲ませながら語りました。そして現代的な住宅があればどれほどプエルトリコ人の生活が素晴らしくなるかを語りました。冷蔵庫やタイル張りの浴室などの細部に至るまで、彼は夢を膨らませていました。私は尋ねました。「誰がその費用を払うのですか?」。彼は少し気分を害したような、むっとした声で答えました。「ああ、それは俺の心配することじゃないよ。建築家の仕事は何がなされるべきかを示すことだ。金のことは別の奴が考えたらいいさ」

これこそが、あらゆる「社会改革」や「福祉国家」や「崇高なる実験」を生み出してきた心理です。世界を破壊してきた心理です。

自分自身の利害や人生への責任を放棄することで、他者の利害や人生を思いやる責任を放棄することになります。自分の欲望を満たしてくれるはずだとする他者を思いやる責任です。

自分の欲望を実現する手段に「どうにかして」を持ち込む人は、誰でも例の「形而上学的卑下」の罪を犯しています。「形而上学的卑下」は、寄生者の心理的前提です。ナサニエル・ブランデンがある講演で指摘したように、「どうにかして」が意味するのはいつも「誰かが」です。

なぜ競争を脅威と見なすのか?

(d)努力。合理的な人は、人は自分自身の努力で自分の目標を達成しなくてはならないと知っているので、富も仕事もどんな人間的価値も、あらかじめ量の決まったパイを分割するようなものではないとわかっています。どんな便益も生み出されなければならないのであり、一人が得たからといって別の人が失うことにはならず、誰かの達成が別の人の犠牲のもとに行われるわけではないとわかっています。

ですから、合理的な人には自分が稼ぎ出していないものを一方的に他人に請求しようなどという考えは想像もつかないし、自分の利益を誰か別の人やものにゆだねようなどとは思いもよらないのです。顧客が必要であっても特定の一人の客に依存しないし、仕事が必要であっても特定の一つの仕事に依存しないのです。

競合に出くわしたら、向き合うか別の仕事を選ぶかのどちらかです。優れたパフォーマンスが無視されるような呑気な仕事など、自由社会には存在しません。どんな管理職でも知っていることです。

あらゆる競争相手を脅威と見なすのは、受動的で寄生的な典型的「形而上学的卑下」派たちだけです。彼らの人生観には、自分の地位を自分の長所によって獲得するという発想がありません。自分など何ひとつ差し出せるものを持たない、誰とでも取り替えのきく凡庸な存在だと思い、誰かのお情けという決まったパイを奪い合うしか能がないと思っているのです。

合理的な人は、人は幸運やお情けにすがって生きるのではなく、一度きりのチャンスなどというものは存在せず、機会はまさに競争の存在によって保証されているということを知っています。具体的な目標や特定の価値はいずれも取り替えのきくものであって、自分の愛する人たちだけがかけがえのないものだとわかっているのです。

合理的な人は、愛の領域においてすら利益相反がないことがわかっています。他の価値と同じように、愛もまた奪い合う決まったパイではなく、限りなく生み出し、稼ぎ出すことのできるものです。一人の友人を愛したからといって別の友人を憎むことにはならないし、家族の中の愛でも、それが稼ぎ出したものであれば同じです。そして最も排他的な愛、ロマンチックな恋愛も競争の対象にはなりません。もし一人の女性を二人の男性が愛していたとしたら、女性が一人の男性に感じる愛情によってもう一人への愛情が減ったりすることはないのです。女性が一人の男性を選んだら、選ばれなかった男性は選ばれた男性の稼ぎ獲った愛を稼ぎ穫ることができなかったということです。

愛がいつでも偶然的な競合や、偶発的な衝突や、盲目的な選択の対象になるのは、感情で動く不合理な人たちのあいだだけです。つまり、どんな価値基準とも無関係に愛を抱く人たちのあいだだけです。こういう人たちのあいだでは、誰が勝ってもたいしたものは勝ち取れません。愛もそれ以外の感情も、感情で動く人たちのあいだでは意味を持たないのです。

以上が、合理的な人が自分の利益を考えるときに考慮する、四つの主要事項のエッセンスです。

ここで最初の質問である、同じ仕事に応募した二人の問題に戻りましょう。そしてこの質問が、これら四つの考慮事項にどのように目をふさいでいるか、あるいは抵抗しているか見てみましょう。

(a)**現実**。二人の人が同じ仕事を志望しているという事実は、その仕事をする資格や能力がこの二人にあることの証明にも、採用されなかった側の利益が損なわれることの証明にもなりません。

(b)**状況**。二人が知るべきなのは、もし仕事を望むのなら、雇用を提供する企業の存在によってその目標がはじめて可能になるということ、企業はどんな仕事についても複数の応募者を要するものであって、もし応募者がたった一人しかいなかったら企業は門を閉ざしてしまい、どちらの人も仕事を得られないのだということ、そしてこの状況ではどちらか一方が仕事を得られないとは言っても、求職の競争のあることが自分たちの利益になるのだということです。

(c)**責任**。「そんなことをいちいち考えるのはごめんだ。自分はただ仕事が欲しいだけだ」などと宣言する道徳的権利は、この二人のどちらにもありません。どんな望みも「利益」も、その実現に必要なことを知らない人には、獲得する資格がありません。

(d)**努力**。仕事を手にした人は（雇用者が合理的な選択をしていると想定すると）自分で仕事を稼ぎ獲ったのです。その仕事を手にする権利を持っていた別の人の「犠牲」によるものではなく、本人が仕事にふさわしいから勝ち取ったのです。人がもともと所有していなかったものを与えなかったからといって、それを「犠牲」と呼ぶことなどできないでしょう。

以上の議論はすべて、自由な社会における合理的な人どうしの関係だけに当てはまります。自由な社会では、人は不合理な人たちと取引する必要がありません。不合理な人たちを避ける自由があります。

自由のない社会では、誰にも、どんな利益の追求も不可能です。自由のない社会で可能なのは、じわじわと進む全面的な破壊だけです。

（一九六二年八月）

第五章

誰もがセルフィッシュでは?・Isn't Everyone Selfish?

ナサニエル・ブランデン

これはよく聞く質問です。この質問の意図は、合理的な利己主義の倫理に反論することです。この質問には、いくつかのバリエーションがあります。たとえば、こう主張されることがあります。「誰だって本当にしたいことをしているでしょう? そうじゃなきゃやりませんよ」。あるいは、「本当に自己を犠牲にしている人なんていませんよ。あらゆる意図的な行為は、本人が望む価値や目標が動機になっています。ですから人は、自覚していようがいまいが、常に利己的に行為しているのです」と。

利益に関心があるとは利益の実現方法に関心があるということ

この考えかたには、ある知的混乱がひそんでいます。この混乱を解決するために、次のことを検討しましょう。「セルフィッシュネスと自己犠牲」あるいは「利己主義と利他主義」という対立が現実に問題になるのは、どんな場面でしょうか。セルフィッシュネスとは、何を意味するのでしょうか。そしてどんなことを伴うのでしょうか。

セルフィッシュネスと自己犠牲の対立が問題になるのは、倫理的な状況においてです。倫理とは人の選択と行動を導く価値体系のことで、その選択と行動が人生の目的と道筋を決定づけるのです。自分の行動と目標を選ぶとき、人はさまざまな選択に直面し続けます。選択するには、価値の基準が必要です。「価値は、ある問いへの答えを前提とします。それは『誰にとって価値があるのか？　何に対して価値があるのか？』という問いです」（『肩をすくめるアトラス』）。人は、何を目的にして行動するべきでしょうか。誰の利益を意図して行動するべきでしょうか。個人にとって第一の道徳的目的は、自分の人生と幸福であるべきでしょうか。それとも、他人の願望と必要への奉仕であるべきでしょうか。

利己主義と利他主義の対立は、これらの問いに対する正反対の答えに現れます。利己主義では、個人はそれ自身が目的であると考えます。利他主義では、個人は他人の目的の手段であると考えます。利己主義では、自分自身の利益のために行動するのが道徳的だと考えます。利他主義では、自分以外の誰かの利益のために行動するのが道徳的だと考えます。

セルフィッシュであるとは、自分の利益への関心に動機づけられているということです。そのためには欠かせないことがあります。それは、自分の利益がどんな要素で成り立つのか、それらの要素をどうやって達成するのかを考えることです。つまり、追求すべき価値・目標と、採用すべき原則・方針を考えることです。これらに関心がない人は、客観的には、自分の利益に関心があるとは言えません。自分の利益を望んでいるとも言えません。自分に何の知識もないことに関心があるとか、自分に何の知識もないことを望んでいるということはあり得ません。

セルフィッシュであることには、必然的に二つのことが伴います。一つ目は、自分の利益を基準にした価値の序列が確立されていることです。二つ目は、より高い価値をより低い価値または無価値の犠牲にすることを、拒絶していることです。

何が本当に自分の利益になるかは、理性でしか判断できません。矛盾を追求することは、自分を破壊することです。現実を無視して行動するのも、自分を破壊することです。自分を破壊することは、自分の利益になりません。本当にセルフィッシュな人は、そうしたことをわかっています。

人間にとって、思考することは自分の利益になります。意識的でいることを止めることは、自分の利益になりません。自分の知識、自分にとっての価値、そして自分の人生の全体を踏まえて自分の目標を選ぶことは、自分の利益になります。長期的な視野で考えず、その時々の衝動に従って行動することは、自分の利益になりません。生産的な存在として生きることは、自分の利益になります。寄生者として生きようとすることは、自分の利益になりません。人間の本来的性質にふさわしい人生を追求することは、自分の利益になります。動物として生きようとすることは、自分の利益になりません。

本当にセルフィッシュな人は、理性を指針にして自分の目標を選びます。そして、合理的な人どうしの利益は衝突しません。そのため、本当にセルフィッシュな人の行動は、しばしば他人のためになります。しかし合理的な人にとって、他人の利益は第一の目的ではありません。第一の目標でもありません。自分の利益が第一の目的であり、自分の行動を導く目標です。

愛する人を守るために死ぬのも自己利益

この原理を理解してもらうために、一つ極端な例を考えましょう。ある男性が、愛する女性のいのちを救うために進んで死ぬとします。この行動は、一般的には自己犠牲と呼ばれるでしょう。しかしこれは、間違いなく利己的な行動なのです。この男性は、自分の行動の受益者なのです。それはなぜでしょう?

その答えは、『肩をすくめるアトラス』に示されています。自分がまもなく逮捕されると知ったゴールトが、ダグニーにこう言う場面です。

私たち二人の関係について、彼らがわずかでも疑いを持ったら、彼らは一週間も待たず、私の目の前であなたを肉体的な拷問にかけるでしょう。私はそれまで待ちません。彼らがあなたへの危害を口にした時点で、私は自分のいのちを絶ち、彼らを止めます。（……）あなたには言う必要もないことですが、私がそうしたとしても、それは自己犠牲ではありません。私は、彼らの条件で生きることを望みません。彼らに服従することを望みません。あなたが時間をかけて殺されていくのを見ることを望みません。そんなことが行われたら、私が追求する価値はなくなります。そして私は、価値なしに存在することを望みません。

ある男性がある女性を、彼女が死んだら自分だけ生き続けたいとは思えないほど愛していた場合、つまり彼女を失った人生から彼が得られるものが何もない場合、彼がこの女性を救うために死ぬのは、犠牲ではありません。

独裁政権下で、自由を実現するために進んで死の危険を冒す人にも、同じ原理が当てはまります。こうした人の行動を「自己犠牲」と呼べるのは、本人が本当は奴隷として生きることを望んでいた場合だけです。自分の判断に基づいて行動できなくなった世界で生き続ける気がない人、つまり人間として生きるための条件が不可能になった世界で生き続ける気がない人が、自由になるための闘いで必要とあれば進んで死ぬことは利己的なのです。

重要なのは「自分が望むかどうか」ではなく「なぜ望むか」

ある行動が利己的かどうかは、客観的に判断されます。本人がどう感じているかでは判断されません。気分は、認識の手段ではないのと同様に、倫理の基準でもないのです。

当然ながら、人が行動するためには何らかの個人的な動機が必要です。ある意味、その行動をしたいと「望む」ことが必要です。ある行動が利己的かどうかは、本人がそうしたいかどうかではなく、なぜそうしたいのかによります。その行動がどんな基準で、どんな目標を達成するために選ばれたのかによります。

強盗殺人をはたらいた男が、そうすることが一番相手のためになると感じたからそうしたと主張したからといって、この男の行動は利他的だったと認める気になる人はいないでしょう。同じ論理と理由で、盲目的な自己破壊の道を突き進む男が、この道を進むことで自分は何かを得られると感じているからといって、この男の行動が利己的であることにはなりません。

もし人が慈善や慈悲や義務や利他の精神で自分の価値・欲望・目標を放棄し、自分が放棄したものほど大切ではない誰かの喜びや希望やニーズを優先したとしたら、それは自己犠牲の行為です。仮にその人が「そうしたい」と感じていたとしても、その行為は利己的とは言えず、客観的に自分の行為から利益を得ていることにはなりません。

たとえば、自分が就きたい職業を合理的な基準で選んだにもかかわらず、近所の人たちにもっと立派に見える職業を目指してほしい母親を喜ばせるために、その職業をあきらめた少年がいるとします。この少年が母親の希望に従ったのは、そうすることが自分の道徳的義務だという考えを受け入れていたからです。彼は、母親の要求が不合理であることを知っていました。自分が悲惨で挫折感に満ちた生涯を送ろうとしていることも知っていました。しかし、自分の幸福よりも母親の幸福を上位に位置づけることは、息子としての自分の義務だと信じたのです。「誰もがセルフィッシュ」説に従うなら、この少年は「道徳的」でありたいという欲望、つまり、罪を避けたいという欲望に動機づけられていたのだから、この例に自己犠牲の要素はまったくなく、この少年の行動はセルフィッシュネスそのものだ、という馬鹿げた結論になります。ここで回避されているのは、「この少年がそのように感じ、そうすることを望んだのは*なぜか*」という問いです。感情や欲望は、それ以上突き詰められない根本要素ではありません。感情も欲望も、本人が受け入れた前提の産物です。この少年が自分の希望職業をあきらめることを「望む」のは、ただ利他主義の倫理を受け入れているからです。自分の利益のために行動するのは、不道徳だと信じているからです。これが、この少年の行動原則になっているのです。

人は利他主義の倫理に強いられて、自分の長期的な幸福を犠牲にする行動を、そうと知りながら取ることがあり得ます。「誰もがセルフィッシュ」説を唱える人たちも、そのことは否定しません。彼らはただ、そういう行動を取る人も、何かもっと高度で定義できない意味において「利己的に」行動しているのだ、と主張するのです。自分の長期的な幸福に反する行動をそうと知りながら取る可能性を残す、あるいは認める「セルフィッシュネス」など、言葉の矛盾です。

幸福を放棄することで幸福を探究できるなどと言い張りながら意味のあることを言っていると錯覚してしまうのは、神秘主義の負の遺産でしかありません。

「誰もがセルフィッシュだ」というのはあまりにも粗雑な言葉遣いによって生じた勘違いです。「目的のある行為はすべて動機のある行為だ」と言ったら同語反復ですが、「動機のある行為」がそのまま「セルフィッシュな行為」になると考えるのが間違いです。人の心理の基本的事実と倫理的な選択を一緒くたにしているのです。倫理的な中心問題は、「人の動機は何であるべきか」ということなのですから。

真のセルフィッシュネスを達成するとは、自己利益を発見することに真の関心を持つことであり、発見した自己利益を実現する責任を受け入れることです。その時々の盲目的な気まぐれや、気分や、衝動や、フィーリングに従って自己利益にそむくことを、絶対に拒否することです。そして自分の判断や、確信や、自分にとっての価値に、妥協なく忠実であることです。つまり、真のセルフィッシュネスを達成することは道徳的偉業なのです。「誰もがセルフィッシュなのだ」と主張する人たちは、冷笑のつもりで、あるいは侮蔑のつもりでそう述べているのが普通です。しかしこうした人たちは、実際には値しない賛辞を人類に贈っているのです。

（一九六二年九月）

第六章

喜びの心理

The Psychology of Pleasure

ナサニエル・ブランデン

喜びは、人間にとって贅沢品ではなく、心理的に深く必要としているものです。

喜び（最も広い意味での喜び）は、人間が生きることに形而上学的に伴うものです。辛さが失敗や破壊や死のサインであるように、喜びは成功の報酬であり、結果です。

人は喜びを通じていのちの価値を経験する

人は喜びを通じて、いのちの価値を経験します。人生は生きるに値する、いのちは努力して維持するに値するという感覚を経験します。人は生きるために、価値を自分の行動で実現しなければなりません。喜びや楽しみは、成功している行動への感情的報酬であると同時に、自分が行動を継続するインセンティブでもあります。

さらに喜びには、人にとって形而上学的な意味があります。現実を扱い、価値を実現して生きることができるという自分自身の有能さを、人は喜びの体験によって直接知ることができるのです。喜びの体験には「私は自分の存在をコントロールできている」という感覚が含まれています。それとは逆に、痛みの体験には「私は無力だ」という感覚が含まれています。喜びが感情的に効力感を伴うのに対し、痛みは感情的に無力感を伴うのです。

このように喜びは、「いのちは価値だ」「自分は価値だ」という感覚を人に生々しく体験させることによって、人が生きるための感情的な燃料になるのです。

人間の肉体が感じる快楽・苦痛が「健康に有益か、有害か」のバロメーターとして働くのと同じように、人間の意識が感じる喜び・辛さは「自分にとって有益か、有害か」「自分のいのちにとって有益か、有害か」のバロメーターとして働きます。しかし人間は意志を持つ意識の存在であり、生き抜くために必要な知識や概念を生まれつき自動的に間違いなく備えているわけではありません。自分の行動を導き、目標を設定するための価値を自分で選択しなくてはならないのです。感情メカニズムは自分で選んだ価値によって機能します。自分で選んだ価値によって、自分にとって良いものか悪いものかを感じることになるのです。自分で選んだ価値によって何に喜びを求めるかが左右されるのです。

価値の選択を誤ると、人の感情メカニズムは過ちを修正できません。それ自体に意志がないのです。現実に自分自身を滅ぼすようなものを望んで価値が選択されると、人の感情メカニズムはその人を救うどころか、自滅に追い立ててしまうのです。ギアを逆に入れてしまい、自分や現実や自分の生命に反する働きをさせてしまうのです。人間の感情メカニズムは、コンピューターのようなもので、人間には、このコンピューターをプログラミングする力があります。しかし、このコンピューターの性質を変える力はありません。プログラムが誤っていた場合は、自分を破滅させるような欲望が、救命行為にも匹敵する強烈さと切迫度で自分をとらえます。もちろん、誤ったプログラムを変えることはできます。ただしそれは、自分にとっての価値を変えることでのみ可能なのです。

何を喜ぶかは本人の魂の反映

ある人がどんなことを基本的な価値にしているかは、自分と世界を意識的に、あるいは無意識のうちにどう見ているかの反映です。人が基本的な価値にしていることには、第一に、その人にどれくらい自尊心があるか、どんな自尊心があるか、あるいは欠如しているかが映し出されます。第二に、その人がこの世界をどれくらい善いもの、あるいは悪いものと見なしているかが映し出されます。言い換えると、自分の理解と行動に対して、この世界がどの程度開かれている、あるいは閉じられていると見なしているかが映し出されます。ですから、人が喜びや楽しみとして追求している物事は、その人の心理の奥底を白日のもとにさらします。こうした物事は、本人の人格と魂の鏡なのです（「魂」という言葉を、私は「人の意識」と「人を動機づける基本的な価値」という意味で使います）。

人が生きる楽しみを経験できる領域は、大まかに言って五つあります。生産的な仕事、人間関係、レクリエーション、芸術、セックスの五つです（これら五つは関係し合います）。

この中で生産的な仕事が最も基本的なものです。仕事を通じて人は存在を制御している感覚、効力感を獲得し、これが他のすべての価値を享受する能力の基礎となるのです。方向も目的もなく生きている人、言い換えれば創造的な目標を持たない人は、必然的に無力感に苦しめられます。無力感に苦しめられる人は、人生への不適応感に苦しめられます。人生への不適応感に苦しめられる人が、人生を楽しむことは不可能です。

自尊心のある人は宇宙を自分の努力に開かれたものだと見なし、自分の頭脳を生産的に使う体験に深い喜びを感じるという特質があります。知識や能力を伸ばし続け、思考して達成し、前進して新たな挑戦に立ち向かって克服し、有能さを拡大し続ける誇りを獲得する、弛まぬ意欲によって生きる喜びが生まれているのです。

それに対して、何の苦労も困難も努力もない状態で、決まりきった定型仕事をぼんやりと続けるのが幸せだという人もいます。このような人の精神は完全に自尊心を欠き、宇宙は知ることができない、何となく空恐ろしいものに見えているため、とにかく安全であること、しかも自分の力で勝ち取った安全ではなく、能力の要求されない世界における安全性を求めるものです。

また、仕事という仕事は楽しむことができないもので、生計を立てるための必要悪でしかなく、仕事時間が終わる喜び、酒やテレビやビリヤードや女に溺れる快楽、無意識でぼんやりする喜びばかりを夢見る人もいます。このような人の精神には自尊心のかけらもなく、宇宙が理解できるなどとは思いもせず、無気力で不安なことが当たり前となり、唯一安心して楽しめるのは何の要求もされずに刹那的な快楽にふけることだけです。

また、達成ではなく、破壊に喜びを見出す人もいます。能力を獲得することを目指すのではなく、能力を獲得した人たちを支配することを目指して行動する人です。このような人は、自分の価値があまりにもみじめに欠落し、この世界への恐怖に圧倒されています。そのために、自分と同じ状態にない人、つまり生きる能力がある人への怒りと憎しみを爆発させる以外に、自己実現の方法がありません。自信のある人、強い人、健康な人を破壊すれば、自分の無能さを有能さに変えられると信じているかのようです。

合理的な人、自信のある人を動機づけているのは、価値への愛と、価値を実現したいという欲望です。神経症に陥っている人を動機づけているのは、恐怖と恐怖からのがれたいという欲望です。両者の動機の違いは、喜びとして追求する物事の違いに現れるだけではなく、経験する喜びの性質の違いにも現れます。

たとえば、前に挙げた四種類の人が経験する喜びは、それぞれ感情の質が異なります。喜びの質は、どんな心理プロセスで生まれたか、どんな心理プロセスが伴うか、そしてどんな性質の価値が関わるかによって異なります。価値を実現すること、自分には能力があるという感覚を正当に得る喜びと、自分が感じている恐怖と無力感を一時的に減らす「喜び」は、同じではありません。同様に、自分の意識を適切に使う喜びと、意識的でいることをやめる「喜び」は、同じではありません。自尊心のある人は、自分の能力を適切に使う喜び、価値を実現する喜びを経験します。これらは純粋な喜びです。他の三種類の人は、このような喜びがあるとは想像もできません。同様に自尊心のある人も、こうした人たちが「喜び」と呼ぶぼんやりした状態のことは、想像さえしません。

同じ原則があらゆる楽しみの形式に当てはまります。人間関係で言えば、その喜びの種類も動機の種類も人格の種類も、それぞれの種類の人によって異なるのです。知性・誠実さ・自尊心を持ち、厳格な基準を共有する人との交流を楽しむ人、何ひとつ基準を持たないことから勝手気ままにいられることを楽しむ人、自分のほうがましだと思えるような軽蔑の対象になる人たちとしかいられない人、そして本物の効力感の代わりに最低の神経症的な支配感覚を得るために騙して操れる対象の人たちとしかいられない人です。

合理的な人、精神的に健康な人にとっては、喜びへの欲望は現実を自分の力でコントロールできていることを祝福したいという欲望です。神経症の人にとっては、喜びへの欲望は現実からのがれたいという欲望です。

次に、レクリエーションの領域について考えましょう。例として、パーティーについて考えます。合理的な人は、パーティーを達成に対する感情的な報酬として楽しみます。合理的な人がパーティーを楽しめるのは、自分の好きな人たちと会う、自分にとって興味深い人たちと出会う、話すに値することを話し、聞くに値することを聞くなどの楽しめる活動が実際にある場合だけです。これに対して神経症の人は、そこで実際に行われる活動とは無関係な理由で、パーティーを「楽しむ」ことができます。自分が出席者全員を嫌っていても、見下していても、恐れていても、騒がしい道化師のように振る舞い、そのことをひそかに恥じていても、人々が承認の空気を発しているという理由で、あるいはそのパーティーに招かれたのは社交上の栄誉であるという理由で、あるいは他の人たちが陽気になっているように見えるという理由で、あるいは一人でいる恐怖をそのパーティーが束の間取り除いてくれるという理由で、自分はパーティーを完全に楽しんでいると感じることができるのです。

酔っ払う「喜び」は紛れもなく意識の責任から逃避する喜びです。何の目的もない社交的集いで無意味に狂乱して、そこらじゅうを酔いどれてうろつき、延々と無意味に無駄話をして、目的や論理や現実や自覚から解放された宇宙にいると錯覚して過ごすのも同じです。

このこととの関連で、最近の「ビート族」〔beatniks〕を観察してみてください。たとえば、彼らの踊りかたを見てください。彼らの顔に、真の喜びからくる微笑みはありません。何かを見つめる空虚な目。痙攣するような、肉体がコントロールを失ったかのような滅茶苦茶な動き。無目的・無意味・無思考の雰囲気でその場を満たすことに全員で熱中している、「断固たるヒステリー」とでも言うべき状態。これこそまさに、意識的でいないことの「喜び」です。

あるいは、多くの人たちの生活を満たしている、もっと静かな「喜び」を考えましょう。たとえば、家族でのピクニック、女性だけでのパーティー、コーヒーを飲みながらのおしゃべり、チャリティーバザー、特に何もしない休暇です。これらはすべて、全員が静かに退屈する場です。退屈自体が価値になっている場です。退屈はこういう人たちにとって、安全を意味するのです。なじんだこと、いつものこと、決まったことを意味するのです。新しいこと、ハラハラさせられること、慣れないこと、要求の高いことの不在を意味するのです。

意識的でいる責任を引き受けた人だけが生きる楽しみを享受できる

要求の高い喜びとは、どのような喜びでしょうか？　頭を使うことを要求される喜びです。頭を使うとは、問題を解くという意味ではありません。識別する力、判断する力を働かせる、意識を働かせるという意味です。

生きる喜びの中でも、人間にとってきわめて重要なものの一つは、芸術作品によって与えられます。芸術のポテンシャルの頂点は、「あり得るもの・あるべきもの」を映し出してみせる芸術です。そのような芸術は、人の感情を燃え立たせる燃料、計り知れない価値のある燃料を与えてくれます。しかし、人がどのような芸術作品に反応するかもまた、その人が奥深いところで抱いている価値と前提によって異なります。

人は英雄的な、知的な、力強い、ドラマチックな、目的志向的な、洒落た、巧みな、あるいは挑戦的な物事のイメージを求めることもできます。つまり、感嘆する喜び、偉大な価値を仰ぎ見る喜び、あるいは、高度な思考も価値基準も要求されない、どこにでもいる人物のゴシップのようなものに満足を求めることもできます。つまり、「自分が作ったわけでもない世界で疎外感や不安を覚える」[訳注1]ことを少しでも減らすために、わかりきったなじみあることのイメージに接して、元気づけられた気になることもできます。あるいは、恐怖や堕落のイメージに心引かれることもできます。麻薬中毒者や、身体障害者の話を読んで、自分はそこまで不幸じゃないと考えることで安心感を覚えることもできます。つまり、人間は邪悪だと、現実は不可知だと、人生は耐えがたいと、すべてはしかたがないと、自分の秘めた恐怖は正常だと、認めてくれる芸術を味わうこともできます。

芸術は、暗黙の人生観を映し出します。そして人がどのような芸術に反応するかは、その人自身の人生観が決めます。お気に入りの劇が「シラノ・ド・ベルジュラック」[訳注2]である人の魂と、「ゴドーを待ちながら」[訳注3]である人の魂は、根本的に異なります。

人が自分に与えられるさまざまな喜びの中で、最も偉大な喜びが誇りです。誇りは、「自分の達成」と「自分の人格の創造」に感じる喜びです。「他人の人格と達成」に感じる喜びは、憧れの喜びです。誇りと憧れというこの二つの反応が、最も激しく結合し、最も尊い形で表現されたのが恋愛

訳注1　イギリスの詩人アルフレッド・エドワード・ハウスマン（一八五九－一九三六）の詩"The Laws of God, the Laws of Man"（一九二二）の一節の引用

訳注2　フランスの劇作家エドモン・ロスタン（一八六八－一九一八）による韻文戯曲（一八九七）。心優しく天下無双の剣客だが醜男の学者・詩人・軍人が主人公。

訳注3　フランスの劇作家サミュエル・ベケット（一九〇六－一九八九）による戯曲（一九五二）。不条理演劇の代表作とされる。

です。セックスは、その祝福です。

恋愛やセックスに関わる反応は、人が自分と世界をどう見ているかを、最も雄弁に示します。自分が最も深いところで抱いている価値を反映する人物に、人は恋をし、性的に欲望するのです。

恋愛やセックスに関わるさまざまな反応の中でも、人の精神的なありかたが特によく現れるのが、その人がどんなパートナーを選択するかと、性的な行為がその人にとってどんな意味を持つかです。

自尊心がある人、つまり自分自身と自分の人生を愛する人なら、自分が素晴らしいと思える霊的に対等な相手を見つけたいと強く感じるものです。このような男性を最も強く引きつける特性が、自尊心です。自尊心と、「人生には価値がある」という曇りなき感覚です。こうした男性にとって、セックスは祝福の行為です。自分自身に対する、そして自分が選んだ女性に対する称賛の表現であり、生きていることの価値と喜びを、自分自身の体で具体的・直接的に経験する究極の形です。

人間は、このような経験へのニーズを生まれつき持っています。しかし、このような経験を稼ぎ獲るだけの自尊心がない男性は、このような経験を偽造しようとします。そして無意識のうちに、そのような偽造を助ける能力を基準にパートナーを選びます。自分が持っていない価値や感じていない幸福があたかも存在するかのように幻想させてくれる人を選びます。

ですから、「知的で信念ある、強い女性に魅了される男性」と、「相手の弱さのおかげで自分が男らしく感じられるゆえに、無責任で無能なおっちょこちょいに魅了される男性」と、「相手が基準を持たず判断を下さないおかげで、非難されずにいられると感じられるゆえに、おびえた自堕落な女に魅了される男性」とでは、魂の種類が異なるのです。

もちろん、同じ原理は女性の恋愛やセックスにおける選択にも当てはまります。誇らしさと尊敬によって欲望が高まり、性的な行為によって得られる喜ばしい体験それ自体が目的である人と、セックスに男らしさ・女らしさの証明や絶望の緩和や不安への防衛や退屈からの逃避を求める人とでは、性的な行為が持つ意味が異なります。

逆説的なことに、ただただ刹那的な快楽だけを求めて気持ちよく時を過ごすことにしか興味のない享楽主義の人たちは、喜びそのものをそのまま楽しむことが心理的にできないのです。神経症的な享楽家たちは、祝福の動作をなぞることで何かを祝福している感じになれると空想しているだけなのです。

自尊心が欠けた人の特徴の一つは、自分が裏切った二つの追跡者から逃げる喜び以外に、喜びがないことです。このような人が裏切った二つの追跡者とは、現実と自分の頭脳です。これらから逃げ切ることは、不可能です。この事実こそ、道徳的・心理的な怠慢に対する、真の罰なのです。

喜びの機能は人に自分の効力感を授けることですから、神経症患者は致命的葛藤に陥ります。一方で、自分が現実をコントロールしていると確かめて表現するためにどうしても喜びを感じたいという人間的な衝動があります。もう一方で、神経症患者は現実逃避することでしか喜びを得ることができません。現実逃避では喜びが機能せず、誇り・充実・インスピレーションを感じることができない代わりに、後ろめたさ・苛立ち・絶望・羞恥を感じてしまうのです。自尊心ある人に喜びがもたらすのは、報酬と確証です。自尊心が欠けた人に喜びがもたらすのは、おびえです。不安へのおびえであり、似非自己価値感のもろい基盤の動揺です。「この構造はいつか崩壊するだろう。そうなれば自分は、厳格で、絶対的で、容赦のない未知の現実と、まともに向き合わされることになるだろう」という恒常的な恐怖が、喜びによってさらに激しくなるのです。

精神療法に通う患者の訴えで最も多いのが、「楽しいと思えることが何もない」「心の底から楽しむなど、自分には不可能に思える」というものです。これが、逃避を喜びとする生きかたが必然的に行き着く果てです。

生きる楽しみを享受する能力を無疵（むきず）に保つことは、道徳的にも心理的にも、並外れた達成です。多くの人の思い込みとは逆に、生きる楽しみを存分に享受できるのは、頭を使わない人の特権ではありません。生きる楽しみを存分に享受できるのは、現実を認識する努力を怠らない人、知的な一貫性を徹底的に守る人の特権です。それは自尊への報酬なのです。

（一九六四年二月）

第七章

生きるためには妥協も必要では？

Doesn't Life Require Compromise?

アイン・ランド

妥協とは、お互いが主張する権利の食い違いを、お互いの譲歩によって一致させることです。これは、何らかの正当な権利と価値を、お互いに提示できることを意味します。そしてこのことは、取引の基盤になる何らかの根本的な原則を、お互いが共有していることを意味します。

強盗との妥協はあり得ない

妥協は、具体的な特定の事柄について行うものです。妥協していいのは、お互いが受け入れた基本原則が守られる場合だけです。たとえば、自分が生産した物の売り値について買い手と交渉し、自分の希望額と買い手の希望額のあいだのどこかで合意する場合がそうです。この例で双方が受け入れている基本原則は、取引の原則です。つまり、買い手は売り手の生産物の代価を支払わなければならないという原則です。しかし、売り手が代価を希望している生産物を、買い手を称する者が代価なしで手に入れることを希望している場合は、どんな妥協も、合意も、議論も不可能です。可能なのは、どちらか一方の全面降伏だけです。

財産の所有者と強盗のあいだには、どんな妥協もあり得ません。あなたが所有する銀食器セットのうち、ティースプーン一本でも強盗に与えるのは、妥協ではなく全面降伏です。それは、強盗にあなたの財産に対する権利があると認めることなのですから。いったいどんな価値や譲歩を強盗が提示したのでしょう。一方的な譲歩の原則を、お互いの関係の基礎としてひとたび受け入れたら、残るすべてを強盗が奪うのは時間の問題です。そのまさに具体例を観察できるのが、アメリカの現在の外交政策です。

自由と統制のあいだには、どんな妥協もあり得ません。「ほんの少しの統制」を許せば、それは個人の不可侵の権利という原則を放棄し、その代わりに政府による無制限の恣意的な権力行使の原則を導入し、少しずつ隷属化に陥ることになります。そのまさに具体例を観察できるのが、アメリカの現在の国内政策です。

基本的な原則や根本的な争点については、どんな妥協もあり得ません。生と死のあいだに、真理と虚偽のあいだに、理性と不合理のあいだに、いったいどんな「妥協」があり得ますか？

ところが今日の世界で「妥協」と言うと、正当な譲歩や取引のことではなく、自分の原則を受け渡してしまうことを意味しています。それは、どんなに根拠のない不合理な主張に対しても一方的に降伏することです。この教義の根っこには倫理的主観主義があります。つまり、どんな気まぐれな欲望でもそのまま丸ごと尊重すべきであり、人間誰しも自分が主張したい欲求をかなえる権利があり、すべての欲望には均等な倫理的正当性があり、人と人がうまく付き合っていくには誰とでも何についてでも「妥協」して譲り合わなくてはならない、という考えです。こんな教義のもとで誰が得して誰が損するかは火を見るよりも明らかです。

この教義が非道徳的であり、「妥協」という言葉が今日の使いかたでは道徳的裏切りを意味してしまうのは、人に倫理的主観主義を受け入れさせることによって人間関係におけるすべての道理を放棄させ、お互いの気まぐれへの譲歩としてどんなことでも犠牲にさせるのが基本原則だからです。

譲歩しているのは願望か？　原則か？

「生きるためには妥協も必要では？」と聞く人はたいてい、基本的な原則と、具体的な特定の願望を区別できていません。自分が希望していた就職先より劣る就職先を受け入れるのは、「妥協」ではありません。従業員が雇用主から仕事のやりかたについて指示を受けるのは、「妥協」ではありません。食べてしまったケーキを残しておけないのは、「妥協」ではありません。

一貫性とは、自分の主観的な気まぐれに忠実であることではありません。合理的な原則に忠実であることです。「妥協」(原則を裏切る、悪い意味での「妥協」)とは、自分の気楽さを守れないことではありません。自分の信念を守れないことです。「妥協」とは、自分が嫌なことを行うことではありません。邪悪だと自覚していることを行うことです。音楽に興味がない人が夫または妻に付き合ってコンサートに行くのは、「妥協」ではありません。世間に順応することや、宗教を信仰しているふりをすることや、不埒な親類に気前良くすることを求める夫または妻の不合理な要求に屈するのは、「妥協」です。思想が合わない雇用主の下で働くのは、「妥協」ではありません。雇用主と同じ思想のふりをするのは「妥協」です。自分の原稿に対する出版社からの修正案を受け入れるのは、それが合理的に正当な修正だと自分が思うなら、「妥協」ではありません。出版社に気に入られるために、あるいは「世間」に気に入られるために、自分の判断に反して変更を受け入れるのは「妥協」です。

こういうとき必ず出てくる言い訳があります。「これは一時的な『妥協』に過ぎない。いつの日か自分は一貫性を取り戻す。ただし、いつ取り戻すかは決まっていない」というものです。しかし夫または妻の不合理さを、受け入れて助長することによって正すことはできません。思想の勝利を、正反対の思想の普及を助けることで達成することはできません。ゴミのような作品を書いて集めた読者に、「自分が金持ちになってから、有名になってから」傑作を書いても読んではもらえません。自分の信念への忠誠を守ることに初っ端で困難を感じた場合に、自分の信念への裏切りを重ねていくことは、自分の臆病さゆえに闘えなかった悪の力を増長させます。いつの日か自分の信念への忠誠を守ることを容易にするどころか、事実上不可能にします。

道徳上の原則をめぐっては、いかなる妥協もあり得ません。「食物と毒物の妥協で勝利するのは、死だけです。善と悪の妥協で儲けるのは、悪だけです」（『肩をすくめるアトラス』）。もし今度「生きるためには妥協も必要では?」と尋ねたくなったら、この質問をその実際の意味に翻訳することです。つまり、「生きるためには『真であり善である物事』が『偽であり悪である物事』に屈することも必要では?」と翻訳することです。この質問に対する答えはこうです。「もし自己破壊の進行に悶え苦しむ生涯だけは送りたくないなら、それこそがまさに、生きるために絶対にしてはならないことです」

（一九六二年七月）

第八章

不合理な社会で合理的に生きるには?

How Does One Lead a Rational Life in an Irrational Society?

アイン・ランド

一つの根本的な面に絞って回答します。示す原則は一つだけです。今日あまりにも行き渡っている、そして悪が世にはびこる原因になっている考えかたと、真っ向から対立する原則です。それは、**「道徳的な判定を決して怠ってはならない」**という原則です。

裁きなさい。そして裁かれる覚悟を決めなさい

「他人の道徳性を判定してはならない」「どんな物事にも、道徳的に寛容でなければならない」「善とは、善悪を区別しないことだ」という考えかた、つまり道徳不可知論の教えほど文化を、そして人々の人格を堕落させ、崩壊させるものはありません。

そのような教えで誰が得して誰が損するかは明らかです。もし人の美徳を称賛せず、悪徳も非難しないならば、それは正義でも平等でもありません。善人であれ悪人であれ称賛も非難も受けない

のならば、その中立的な態度は誰を裏切り、誰をそそのかすことになるのでしょうか。

しかし、道徳性を判定するのには、重い責任が伴います。道徳上の判事たるためには、申し分のない人格が必要です。全知・無謬である必要はありません。知識の誤りが問題になるわけではないのです。必要なのは、曇りのない真摯さです。つまり自覚的・意図的な悪には、決して手を染めないことです。法廷の判事も、決定的な証拠がないときは誤りを犯すことがあり得ます。しかし、手元にある証拠を無視することや、賄賂を受け取ることは許されません。現実に対して自分の頭脳が下す判定を、個人的な気分や、感情や、欲望や、恐怖で歪めることは許されません。これに匹敵するほど厳密で神聖な一貫性を、すべての合理的な人は、自分の頭脳の法廷で要求されるのです。公開の法廷で求められる責任よりも、自分の頭脳の法廷で求められる責任のほうが崇高です。なぜなら、告訴がなされたことを知るのは、被告であると同時に判事である自分だけだからです。

ただし、自分の頭脳の法廷には、上級審が存在します。それは、客観的現実という法廷です。道徳上の判事は、判定を公表するたびに、自分自身が審理の俎上(そじょう)に載るのです。今日では、人々があらゆる不合理な判定を放言しながら、どんな結果も被らないつもりでいます。これは無道徳な冷笑主義・主観主義・無法主義が支配する、現代に固有の現象です。実際には、人は自分が下した判定によって、自分自身が裁かれるのです。人が非難する対象も、称賛する対象も、客観的な現実の中に存在します。そして、他の人々からのそれぞれ独立した評価にさらされます。人は非難や称賛を口にするとき、自分の徳性と基準をさらしているのです。アメリカを非難してソ連を賛美する人も、実業家を攻撃して不良少年を擁護する人も、芸術上の傑作を罵倒して駄作を称賛する人も、自分の魂の性質を告白しているのです。

たいていの人が見境なく道徳的中立の態度を取るのは、この責任を恐れているからです。この恐れは、「人を裁くな。あなたがたが裁かれないようにするためだ」という訓戒に最もよく表現されています。しかしこの訓戒が教えるのは、事実上、道徳的責任の放棄です。道徳に関する白地小切手を、他人に期待するのと引き換えに他人に与えることです。

人間は選択しなければならないという事実からのがれる術はありません。選択しなければならない以上、道徳的価値からのがれる術はありません。道徳的価値がかかっている以上、どんな道徳的中立もあり得ません。拷問者を非難しないなら、拷問と殺人の共犯になります。

この問題に関して採用しなければならない道徳原則は、「**裁きなさい。そして裁かれる覚悟を決めなさい**」です。

道徳的中立の逆は、自分の気分や暗記したスローガンや瞬間的な判断に合わない考え・行い・人を、何でも盲目的・恣意的・独善的に非難することではありません。見境なく容認することと、見境なく非難することとは、正反対のことではありません。これらは、同じ逃げの二つの変種です。「誰もが白だ」も、「誰もが黒だ」も、「誰もが白でも黒でもなく灰色だ」も、道徳性の判定ではありません。これらは、道徳性を判定する責任からの逃げです。

裁くとは、与えられた具体的な物事を、抽象的な原則あるいは基準に照らして評価することです。これは簡単な仕事ではありません。気分や本能や勘に従って、自動的にできるような仕事ではありません。きわめて精密で厳格な、無慈悲なまでに客観的で合理的な思考プロセスが必要な仕事です。抽象的な道徳原則を把握するのは、難しくありません。道徳原則を、具体的な状況、特に特定の人物の徳性が関係する状況に適用するのが、非常に難しいのです。称賛であれ非難であれ、道徳性を判定するときは、「なぜ?」という問いに答える用意ができていなければなりません。自分の主張を自分自身に対して、そして合理的な尋問者に対して、立証する用意ができていなければなりません。

道徳的判定を常に下す方針を持ったからといって、あらゆる人の魂を救う責任を負った伝道師になるわけではないし、会う人すべてに頼まれもしない道徳的評価を伝えなくてはならないわけでもありません。自分が対応するあらゆる人や問題や出来事について、自分自身の道徳評価を、完全に言語化された形で明確に認識するということです。認識した道徳評価に従って、行動するということです。そして、自分が下した道徳評価を他人に伝えることが合理的に見て適切であるときは、伝えるということです。

最後のことが意味するのは、むやみに道徳上の非難や議論に乗り出す必要はないにしても、黙っていることが悪への同意または承認を意味すると客観的に解釈される状況では、声を上げなければならないということです。不合理な人たちを相手にするとき、つまり議論が無益であるときは、「私はそうは思いません」と言うだけで十分です。それだけで、道徳的承認を与えていると解釈されることへの拒否になります。しかし、自分にとっての価値が攻撃され中傷されるのを黙って許していることは、場合と状況を問わず、絶対に許されません。

道徳的価値は、人間の行動の原動力です。道徳性を判定することは、自分の認知の明晰さを守る手段であり、自分が選ぶ道の合理性を守る手段です。相手が間違っているだけだと思うのか、それとも邪悪だと思うのかは、大きな違いです。

自分が相手にしている人が単に誤っているだけでなく、邪悪であることに気づいてしまうことを恐れるあまり、ごまかしとこじつけによって自分の頭脳を知覚麻痺に追いやっている人の多さを見てください。その相手というのは、「愛する人」、友だち、仕事のパートナー、政治権力者などさまざまです。こうした人たちは、悪の存在を認めるのを恐れるゆえに、自分が恐れる悪を承認し、奨励し、拡散してしまっています。

唾棄すべき嘘つきにも「悪気はない」だとか、仕事を探そうともしない路上生活者にも「事情がある」だとか、非行少年にも「愛が必要」だとか、犯罪者は「それ以上しかたない」だとか、権力の亡者の政治家が「公益」を大切にする愛国者だとか、共産主義者はただの「農地改革車」だとか、そういう情けないごまかしが横行しなかったとしたら、過去何年も何十年もの歴史は別のものになっていたことでしょう。

全体主義国家の独裁者が、何の抵抗手段も持たない自国の無力な奴隷市民に向けたプロパガンダに資金と努力を注ぎ込むのがなぜだか考えてみてください。それは、どんなにみじめな農夫でも、どんなに未開の野蛮人でも、自分が犠牲にされているのが何やら高尚な目的のためにではなく単なるあからさまな邪悪のためだと悟れば、どうしたって反逆の狼煙を上げざるを得ないからです。

中立主義者は有徳の人物を脅威と見なす

また、道徳に無頓着でいることで悪徳への同情と美徳への反感が募っていくことに気づいてください。邪悪を邪悪と認められない人間は、善を善と認めるのがどんどん危険になっていきます。そういう人間にとって、善良な人は自分のあらゆるごまかしを暴いてしまいかねない脅威なのです。善悪の判断を要求する正義が絡むと特にそうです。「完全に正しい人も完全に誤った人もいない」「私などに人を裁けるものか」という殺し文句が効力を発揮します。最初は「最悪の奴らにも、何らかの善はある」と言っていた人物が、「最良の奴らにも、何らかの悪はある」と言うようになり、「この世を生きにくくしているのは、最良の奴らだ。どうして奴らは黙ってられないんだ？人を裁くなんて、奴らは何様のつもりだ?」となるのです。

そして、ある憂鬱な朝にこの中年男は、自分が青年の頃に大事にしていたあらゆる価値を裏切ってしまったことに忽然と気づきます。どうしてこんなことになったのかと思いつつ、「ああ、かつて最も恥ずべき最悪の時間に恐れていたことが正しかったのだ。この世で価値を実現するなんて土台無理な相談だったのだ」と急いで自分に言い訳して、考えるのをやめるのです。

不合理な社会とは、道徳的臆病者たちの社会です。道徳上の基準・原則・目標を失って、麻痺状態に陥った者たちの社会です。しかし人間は、生きている限り行動しなければなりません。そうである以上、このような社会は、進んで指導者になろうとする者であれば誰でも簡単に乗っ取れる状態にあります。そのようなイニシアチブを発揮し得るタイプは、二つあります。一つは、合理的な価値を守る責任を進んで引き受ける人です。もう一つは、責任の問題には無頓着な悪人です。

このような二者択一を前にすれば、どれほどの苦闘が必要だろうと、合理的な人が取れる選択肢は一つだけです。

（一九六二年四月）

第九章

道徳的灰色教（カルト）

The Cult of Moral Grayness

アイン・ランド

今日の文化における道徳的破綻は、道徳問題に対するある流行（はや）りの態度によく現れています。この態度を最もよく示すのが、「黒も白もない、灰色があるだけだ」という言いぐさです。この言いぐさは、人にも、行為にも、行為の原則にも、道徳一般にも投げつけられています。「黒と白」は、この文脈では「善と悪」を意味しています。

これは、あらゆる点で矛盾した考えです（何より、これは概念の盗用です）。もし黒も白も存在しないなら、灰色も存在し得ません。灰色とは、黒と白の混合に過ぎないのですから。

悪にならない選択肢がないなら悪の定義が間違っている

何かを「灰色」と認識するためには、何が黒で、何が白なのかが明らかでなければなりません。これは道徳について言えば、まず何が善で、何が悪なのかがわからなければならないということです。二つある選択肢の一方が善で、他方が悪であることがわかっていながら、両方のあいだを取ることが正当化されることはありません。悪とわかっていることを部分的にでも選ぶことは、その部分が大きいか小さいかを問わず、正当化され得ません。道徳における「黒」の大半は、自分は「灰色」に過ぎないと自分を騙そうとした結果なのです。

もし道徳律（利他主義など）が現実に実践不可能なものだったなら、その道徳律こそ「黒」と断ぜられるべきあって、「灰色」と評価された人たちは被害者です。もし道徳律が解消不可能な矛盾を命じていて、一つの善を選べば別の面で悪になってしまうとしたら、その道徳律は「黒」として退けなければなりません。もし道徳律が現実に適用不可能で、恣意的で無根拠で状況に合わない禁止や命令しか提供せず、盲目的な教義を信仰として受け入れて自動的に実行するしかないとしたら、その道徳律の実践者を「白」「黒」「灰色」などと的確に分類することは不可能です。道徳判断を禁じて麻痺させる道徳律など言葉の矛盾でしかありません。

道徳的に複雑な問題について、何が正しいのか判断しようと努力し、結果的に誤った判定を下した人は、「灰色」ではありません。そのような人は「白」です。知識の誤りは、不道徳ではありません。正当な道徳律は、無謬も全知も要求しません。

しかし、もし道徳判断の責任をのがれるために目と頭を閉ざし、現実に背を向けて知らぬ存ぜぬを決め込んだとしたら、それは「灰色」どころではなく「黒」そのものです。

矛盾を曖昧にして、道徳的灰色主義の本当の意味を捻じ曲げるのに役立つ混乱・うやむや・認識論的デタラメには、さまざまな形があります。

「道徳的灰色主義は、『この世に完璧な人はいない』という決まり文句の言い換えに過ぎない」と信じる人たちもいます。こういう人たちは、「誰もが善と悪を併せ持つのであって、それゆえ道徳的に『灰色』なのだ」と信じています。出会う人の大半がこの説明に合致するせいで、多くの人はよく考えもせず、この決まり文句を一種の法則として受け入れています。道徳では、人間が選択できる問題（つまり自由意志に関わる問題）だけが扱われます。だから道徳問題を統計的な一般性で考えるのは誤りなのですが、彼らはそのことを忘れています。

もし人間が生まれつき「灰色」だったら、どんな道徳概念も、灰色という概念も含めて、人間には適用外となり、道徳というもの自体が成り立ちません。しかし人に自由意志があるなら、十人が間違った選択をしたからといって十一人目も間違うとは限りません。百万人が間違ったとしても同じです。次の一人が間違うという証明にはまったくならないのです。

たいていの人が矛盾した前提や価値を抱えていて道徳的に不完全なのには（利他主義の道徳など）たくさんの理由がありますが、それは別の問題です。どんな理由があろうと、たいていの人が道徳的に「灰色」だからといって道徳の必要や「白」である必要がなくなるわけではありません。むしろ道徳の必要はより喫緊の課題となるのです。そしてこうした事実は、すべての人を道徳的「灰色」でひとくくりにすることで問題に目をおおわせ、「白」を認識することも実践することも拒むという、認識論的「抱き合わせ商法」を正当化することもありません。このことはまた、道徳的判定の責任からのがれる理由にもなりません。道徳など丸ごとすっかり投げ出してしまい、ペテン師も人殺しも道徳的に同じだと言い切るつもりなら別ですが、そうでないなら一人ひとり人物の「灰色」のいろいろな濃淡を評価し、判断しなくてはなりません。それができるためには白と黒の明確な基準が必要なのです。

同じような間違いにまつわる類似した考えに、道徳灰色教は「どんな争点にも二つの立場がある」という命題の言い換えに過ぎない、そしてこれは、誰も完全に正しくもないし完全に誤ってもいない、という意味だというものがあります。しかしこの命題はそういう意味でもなければそう暗示するものでもありません。この命題が示唆するのは、争点を評価するには両サイドの言い分に耳を傾けるべきだということだけです。どちらの言い分も等しく正当だとか、どちら側にも一理あるなどということを意味するものではありません。多くの場合、一方に正義があり、もう一方には不当な思い込み（またはそれ以上に悪いもの）があるものです。

もちろん複雑な争点で双方がある面で正しく、ある面で誤っているという場合もあります。そしてこのケースでこそ、どちらも「灰色」だとする「抱き合わせ」が最も許されないのです。対立のさまざまな側面を識別して評価するためには、複雑に入り組んだ「黒」の要素と「白」の要素を、漏れなく分析しなければなりません。ですからこうした対立でこそ、道徳性を最高度に厳密に判定する必要があるのです。

「できない」と「する気がない」の区別の無視

このようなさまざまな混乱の根本には、同じ誤りがあります。この誤りは、人間に選択できる問題だけが道徳の対象になるということを忘れることで成り立っています。言い換えれば、「できない」と「する気がない」の区別を忘れることで成り立っています。人々は「黒も白もない」という例の合い言葉を、「人は全面的な善にも全面的な悪にもなれない」と翻訳して平気でいます。それは、この区別を忘れているからです。人々はこの翻訳にひそむ形而上学的な矛盾に疑問を持つこともなく、ぼんやりとしたあきらめの中で、それが正しいと受け入れてしまっています。

しかし、もし例の合い言葉が「人は全面的な善にも全面的な悪にもなる気がない」と翻訳されたら、多くの人は受け入れないでしょう。実はこちらの翻訳こそ、あの合い言葉が人々の頭脳にひそかに持ち込もうとしている真の意味なのです。

こんな主張を聞いたら、彼らは真っ先に叫ぶでしょう。「おまえと一緒にするな！」と。そしてそう叫ぶ当人自身、実際この主張の通りなのです。意識的にであれ無意識的にであれ、意図的にであれ無意図的にであれ、「黒も白もない」と主張するとき人が行っているのは、心理的な懺悔です。そのとき人が言っているのは、「私は全面的な善になる気がない。どうか私を全面的な悪と見なさないでくれ！」ということなのです。

道徳的灰色教（カルト）は、倫理学の領域における反逆であり、道徳的価値への反逆です。これは不確実性教（カルト）が認識論の領域における反逆であり、理性への反逆であるのとちょうど同じです。どちらのカルトも、現実の絶対性に反逆しています。

不確実性教は理性へのおおっぴらな反逆に失敗し、「理性の否定」をある種のより優れた理性行為に昇格させようともがいています。これとまったく同じように、道徳的灰色教は道徳へのおおっぴらな反逆に失敗し、「道徳の否定」をある種のより優れた美徳に昇格させようともがいています。

道徳的灰色主義がどのような形で主張されているか、観察してみてください。それは肯定としてはめったに現れません。つまり、倫理学の理論や議論の主題としてはめったに提示されません。それはたいてい否定として語られます。その場での反論や非難のひと言として、まるで議論する必要もないほど自明で絶対的な戒律を、相手が破ったことをほのめかすかのように語られます。驚き、嘲り、怒り、憤り、そしてヒステリックな嫌悪に至るまで、そのトーンはさまざまですが、道徳的灰色主義は、相手の罪を非難する形で投げつけられます。「まさかあなたは『黒か白か』で考えるつもりなのですか?」と。

混乱、心細さ、そして道徳問題全般への恐怖に駆られて、たいていの人はこの非難の性質をはっきり認識することもなく、やましそうにこう即答します。「いえいえ、もちろんそんな考えかたはしません」と。この非難が述べているのは事実上、「まさかあなたは善と悪を区別するほど不公正なのですか?　善を希求するほど悪人なのですか?　道徳の価値を信じるほど不道徳なのですか?」ということなのですが、人々はそのことを立ち止まって考えようともしません。

例の合い言葉を使う人たちの動機は、あまりにも明白です。彼らの動機は、道徳的な罪悪感であり、道徳性を裁かれることへの恐怖であり、すべてをひっくるめた赦（ゆる）しへの嘆願なのです。あの合い言葉を提唱する人たちも、現実にチラリとでも目を向ければ、自分たちがどれほど醜悪な告白をしているかがわかるでしょう。ところがまさに現実からの逃避こそ、道徳的灰色教の前提であり、目標なのです。

哲学的に見れば、道徳的灰色教は道徳の否定運動です。しかし心理学的に見ると、道徳の否定は、このカルトの信者たちの目標ではありません。彼らが目指しているのは、無道徳状態ではありません。もっと根本的に不合理なものです。彼らが目指しているのは、非絶対的で、流動的で、弾力的で、中道的な道徳なのです。彼らは、自分たちが「善悪を超越している」とは言いません。彼らは、善悪両方のいいこと取りしようとしているのです。彼らが奇妙に現代風なのは、悪魔に魂を売り渡せと唱導するのではなく、魂をこま切れにして少しずつ好きな買い手にバラ売りしろと唱導しているところです。

灰色主義は長くは続かない

彼らは、哲学上の学派ではありません。哲学的破綻の典型的な産物です。認識論においては非合理主義を生み、倫理学においては道徳的虚無を生み、政治学においては混合経済を生んだ、あの知的瓦解の産物です。混合経済は、原則も価値も欠いた、正義などいっさい考慮しない圧力団体どうしの戦争です。剝き出しの暴力を最終兵器とし、見た目は妥協合戦を演じる戦争です。道徳的灰色教は、混合経済を可能にした似非道徳なのです。今や人々は、混合経済を是が非でも正当化しようと、この似非道徳にしがみついています。

見てください。彼らが言外に叫んでいるのが「白」への希求ではなく、「黒」の烙印を押されることへの強迫的な恐怖であることを（そしてこの恐怖には十分な理由があります）。見てください。彼らが求めているのが、妥協を価値基準とする道徳であることを。つまり、「どれくらい多くの価値に進んでそむけるか」で徳性が計られる道徳であることを。

彼らの教義の帰結や「既得権益」は、いたるところで目にできます。

見てください。政治において「過激」は「邪悪」と同義語になっていることを。何について過激なのかは問題ではなく、過激であること（つまり首尾一貫していること）自体が邪悪だとされているのです。国際連合における「中立者」も同様です。それは合衆国とソ連のあいだで「中立」の立場をとるというよりもずっと悪く、原理原則としてどんな二者間においても、たとえば侵略国と被侵略国とのあいだにおいても、状況の判断をまったくせず、決してどちらにもつかず、どんな対立においても、常に妥協さえ見つければよいとするものです。

見てください。文学におけるいわゆるアンチ・ヒーローの流行を。アンチ・ヒーローとは、どんな特質も持たないことを、つまりどんな美徳も価値も目標も人格も重要性も持たないことを特質としながら、演劇や小説の中でかつて英雄が占めていた地位を占める者です。アンチ・ヒーローの物語は、その人物の行動に焦点を合わせます。しかしその人物は何もせず、どこにもたどり着かないのです。見てください。「善人と悪人」という言葉が嘲笑として使われているのを。そして特にテレビにおいて、ハッピーエンドが敬遠され、「悪人」にも同等の機会と同数の勝利を与えるように要求されていることを。

資本主義と社会主義を混合させた経済と同じように、相反する前提を混合させた人間も「灰色」と呼ぶことはできるでしょう。しかしどちらの混合も、長く「灰色」でいることはできません。この文脈において、「灰色」は「黒」の序曲に過ぎません。「灰色」の人間は存在し得ても、「灰色」の道徳原則など存在し得ません。道徳は黒か白かの典範です。妥協が試みられた場合、どちらの側が必然的に損を被り、どちらの側が必然的に益を得るかは明らかです。

だから「まさかあなたは『黒か白か』で考えるつもりなのですか?」と聞かれたときの正しい答えかたは、「もちろんそうですよ!」なのです。

（一九六四年六月）

第十章

倫理の集団主義化

Collectivized Ethics

アイン・ランド

よく聞く質問のいくつかは、哲学的な問いではなく、心理的な告白です。倫理の分野では特にそうです。倫理をめぐって議論するときこそ、自分の前提をチェックする（または忘れない）ことが必要です。それだけではありません。相手の前提をチェックできるようになることも必要です。

他人を助けるかどうかを決める権利があるのは個人だけ

たとえば、オブジェクティビストはよくこう尋ねられます。「貧しい人たちや障害のある人たちに対しては、自由な社会ではどのようなことがなされるのですか?」と。

この質問には、利他主義・集団主義の前提が暗黙のうちに含まれています。それは、「人は他人の不幸に責任を負う」という前提です。この質問をする人は、オブジェクティビストの倫理学の基本的な前提を無視、または回避しています。そして議論の土台を、自分が依拠する集団主義に切り替えようとしています。よく注意してください。この質問者は、「何かがなされるべきですか？」と尋ねず、「どのようなことがなされるのですか？」と尋ねています。まるで集団主義の前提が暗黙のうちに承認されていて、議論が必要なのはその実現手段だけであるかのように。

以前、バーバラ・ブランデン[訳注1]がある学生から「オブジェクティビストの社会では貧しい人たちはどうなるのですか？」と尋ねられたとき、彼女はこう答えました。「あなたが貧しい人たちを助けることを望むなら、そうすることを禁止されません」

これこそが、この問題全体のエッセンスです。そして、敵の前提を議論の土台として受け入れることを拒む方法の完璧な例が、ここに示されています。

個人だけが、いつ誰を助けたいか、助けたくないかを決める権利を持っています。組織化された政治制度としての社会には、何の権利もありません。

他人を助けることが道徳的に適切である場合と条件については、『肩をすくめるアトラス』のゴールトの演説を参照してください。ここで論じているのは、この問題を政治問題としてとらえるという前提です。つまり、「社会全体」の問題あるいは義務としてとらえるという前提です。これは、集団主義の前提です。

訳注1　Barbara Branden（一九二九－二〇一三）。ナサニエル・ブランデンと共に一九五〇年から一九六八年までランドに師事し、最初期のオブジェクティビズム伝播活動を支えた。

人間の安全・成功・生存は自然によって自動的に保証されないので、そんな安全を誰かの負担で別の誰かになんとか保証できるのではないかと考えたり（ぼんやり夢想したり）することを許すのは、ひとえに利他主義・集団主義の独裁的な高慢と道徳的カニバリズムだけです。

貧しい人たちに「社会」は何をすべきかと思案する人は、そのことで集団主義の前提を受け入れています。つまり、「人々の人生は、社会に属する」「社会の一員である自分には、人々の生きかたを指図し、人々が生きる目標を定め、人々の努力の『配分』を計画する権利がある」という前提を受け入れているのです。

これこそが、このような質問が暗に告白している心理です。そしてこれに似た多くの議論が、同じ心理を告白しています。

これはその人の認識心理的な混乱を暴露している場合もあります。「凍結された抽象化の誤謬」と呼んでもいいものです。つまり、ある特定の具体物によって、その具体物が属する広範な抽象クラスを代替してしまうという誤謬です。このケースでは、利他主義という具体物によって「倫理学」という広範な抽象クラスを置き換えてしまうものです。したがって、利他主義の理論を拒絶して合理的体系を受け入れた、と言い張る人が、思考をきちんと統合できておらず、知らず知らずのうちに利他主義の用語によって倫理的問題にアプローチするようなことが起こるのです。

しかし多くの場合、このような心理的告白で明らかになっているのは、もっと根本的な悪です。つまり明らかになっているのは、利他主義のせいで、人々が権利の概念や個人の人生の価値をどれほど理解できなくなっているかなのです。そして、人間の現実が頭脳から消し去られてしまったとき、人々がどうなってしまうのかなのです。

公共プロジェクトは集団主義者が自尊心の欠落を埋める手段

卑屈さと図々しさは、常に同じ前提の裏表です。そしてどちらも、集団主義によって失われた自尊心の代用品の役割を果たしています。他人の目的の手段になって奉仕することをいとわない人は、必然的に、他人を自分の目的の手段と見なすようになります。神経症的な人ほど、そして利他主義を真面目に実践する人ほど、この二つの心理的特質は互いに強化し合います、「人類」や「社会」や「公共」や「将来世代」に、つまり現実の人間以外に「貢献する」仕組みを考案したがります。

政治的な手段によって、つまり強制力をもって無数の人々に課される「人道的」プロジェクトが、恐ろしいほど無思慮に提案され、議論され、承認され続けるのは、こういうわけなのです。

集団主義者たちが描く戯画によれば、強欲な金持ちは、「金に糸目をつけない」放蕩にふけっていることになっています。それにならって言うなら、集団主義に染まったメンタリティがもたらす今日の社会進歩は、「人々の人生に糸目をつけない」利他主義的プロジェクトの策定にふけることで成り立っています。

このようなメンタリティには、顕著な特徴があります。条件もコストも手段もいっさい考慮せず、壮大な公的目標を掲げることです。彼らの目標が望ましいことの証明は、条件を無視すればたいてい可能です。彼らの目標が公的でなければならないのは、そのコストを稼ぎ出すことが不可能で、強制的に徴収しなければならないからです。そして手段の問題は、厚い霧でおおい隠されなければなりません。なぜなら、手段は人々の人生だからです。

このようなプロジェクトの例として、「メディケア」[訳注2]があります。この制度を提唱する者たちは、こう騒ぎ立てます。「お年寄りが病気になったとき医療を受けられるのは、望ましいことではありませんか?」。条件さえ考慮しなければ、答えは「たしかにそれは望ましい」となるでしょう。誰にそれを否定する理由があるでしょうか。そして頭脳が集団主義に染まった人の思考は、ここで絶たれます。ここから先は霧の中です。頭の中を占めるのは、自分の願望だけになります。「それは善いことなんだ。そうだろ? 僕自身のためじゃない。みんなのためなんだ。社会のためなんだ。体を悪くした、無力な人たちのためなんだ……」。医学が奴隷化され、破壊されること。あらゆる医療活動が統制され、崩壊すること。その「望ましい」計画の実現をまさに担わされる人たちの、つまり医師たちの、専門家としての一貫性が、自由が、キャリアが、志が、業績が、幸福が、人生が犠牲にされること。こうした事実は、霧におおい隠されるのです。

「望ましい」を理由にするのは野蛮人の思考

何世紀もの文明化を経て、犯罪者以外のたいていの人々は、こんな精神的態度が実用的でも道徳的でもなく、私生活において自分の目標を達成するのに向かないことを学んでいます。「ヨットを持って、ペントハウスに住んで、シャンパンを飲むのは、望ましくないのかい?」と言い放ちながら、その「望ましい」目標を実現するために銀行を襲い、警備員二人を殺害した事実に考えをめぐらせることを拒んだ若いチンピラの徳性に関しては、議論の余地などないはずです。

メディケアとチンピラのあいだに、道徳上の違いは何もありません。受益者の数は、行為の性質を変えません。受益者が増えても、犠牲者が増えるだけです。実のところ、私人であるチンピラは道徳的に少しだけましです。チンピラには、一国全体を荒廃させるほどの権力はなく、自分の犠牲者を合法的に武装解除することもないのですから。

集団主義化された利他主義の倫理によって文明化の進歩から置き去りにされ、野蛮な慣習に支配された野生保護地区のように取り残されてきたのは、メディケアなどの公共的または政治的な存在を人々がどう見るかです。チンピラの銀行強盗の例が示すような私的領域の人間関係においては、かろうじて個人の権利への尊重が認められる一方で、そのわずかな尊重さえ公的領域においては雲散霧消してしまい、政治的領域においては自分の部族を守るためなら誰かの頭をかち割って何が悪いかわからない原始人が登場するという始末です。

そういう部族メンタリティの特徴は、公共プロジェクトを前にしたらほとんど「本能的」に人の

訳注2　アメリカ合衆国における高齢者・障害者向けの公的医療保険制度。

いのちを家畜の餌・燃料・手段としか見なさない原理的な生命観です。

こういうプロジェクトの例は、無数に挙げられます。「スラムを浄化するのは、望ましいことではありませんか?」(次位の所得階層に何が起こるかは考えずに)。「街並みが一つの調和的なスタイルに統一されて、美しく計画的になるのは望ましいことではありませんか?」(誰が選んだスタイルが強制されるのかは考えずに)。「社会全体の教育水準が上がるのは、望ましいことではありませんか?」(誰がその教育をするのか、何を教えるのか、そして多数派に異を唱える人たちに何が起こるのかは考えずに)。「画家・作家・作曲家をお金の問題から解放して、創作に注力できるようにすることは望ましいことではありませんか?」(その画家・作家・作曲家をどんな基準で選ぶのか? 誰が選ぶのか? その費用を誰に負担させるのか? 政治的なコネを持たず、みじめなまでに心もとない収入から差し引かれる税金で、その特権的エリートたちの「解放」に協力させられる画家・作家・作曲家の負担で? といったことは考えずに)。「科学は望ましいものではありませんか? 人類が宇宙空間を征服するのは望ましいことではありませんか?」

集団主義に染まった精神を動機づける、あの野蛮で盲目的で血なまぐさい、ぞっとするような非現実のエッセンスに、そろそろ近づいてきました。

「望ましい」目標とは、誰にとって望ましいのでしょう。彼らがこの問いに答えることはありません。答えられないのです。願望や目標は、受益者を前提とします。科学は望ましい? 誰にとって? 自分たちの豚小屋のようなねぐらに向かって、はるか上空の有人衛星から聡明な若者たちが手を振るあいだにも、疫病、不衛生、飢餓、恐怖、そして銃殺隊の餌食になって死んでいくソ連の農奴たちは、科学の受益者ではありません。息子を大学にやろうと過労を重ね心臓病で死んだアメリカの父親も、学費が払えなくて大学に行けなかった少年も、新車が買えずポンコツ車に乗っていて事故死した夫婦も、お金がなくて最善の病院に入院させることができなかったために息子を亡くした母親も、科学の受益者ではありません。補助金漬けの科学や公的な研究プロジェクトを支える税金を払わされる人たちの中に、科学の受益者はいないのです。

科学に価値があるのは人の人生を広げ、豊かにし、守るからです。それを離れて科学に価値はありません。それを離れたらどんなことにも価値はありません。そして「人生」とは、個々人の独立した、特定の、置き換えのきかない人生のことです。

新しい知識の発見が人々にとって価値であるのは、既存の知識の恩恵を人々が自由に利用し、享受できる場合だけです。新しい発見は、潜在的にはすべての人にとって価値です。しかしその発見のために、人々にとっての現実の価値がすべて犠牲にされるなら、価値ではありません。無限の未来にまで引き伸ばされた、誰にも何の恩恵ももたらさない「進歩」など、途方もなく馬鹿げています。靴一足も手に入らない状態に置かれた大多数の人たちの労働を徴用して、一部の人たちが達成する「宇宙空間の征服」もそうです。

進歩は余剰からのみ生まれるものです。自分が消費するより多く生産する力を持つ者たち、新しいものを求めて知的・財政的リスクをとる者たちの働きから生まれるのです。資本主義は、そういう者たちが自由に働いて進歩をもたらし、その果実を強奪されることなく、繁栄・消費・生きる喜びが高まり続けていく唯一のシステムです。

人の人生が取り替えがきくのは、集団主義者の脳の中にある、凍りついた非現実の中だけです。そのような脳だけが、公共の科学や公共の産業や公共のコンサートが後世の人々にもたらすとされる恩恵のために、生きた人間を何世代にもわたって犠牲にすることを、「道徳的」で「望ましい」と見なせるのです。

他人の人生はあなたの所有物ではない

ソ連は集団主義のメンタリティが何をもたらしたかを示す最も明白な、ただし唯一ではない、実例です。ソ連の人たちは二世代にわたって悲惨な苦しみの中を生きてきました。国民に我慢を懇願し、忍耐を命じ、国民の希望を押し潰しながら、五年がかりで国家の「工業化」を推し進める支配者たちが約束する、豊かな暮らしを待ちながら。最初人々は、飢えに苦しみながら発電機とトラクターを待っていました。彼らは今もなお飢えに苦しみながら、原子力発電と惑星間旅行を待っています。

彼らは永久に待つことになるでしょう。あのおびただしい数のむごたらしい犠牲のおかげで将来生まれるとされる受益者は、永久に生まれないでしょう。あらゆる専制国家の歴史が示すように、生贄は次の生贄の群れを産み育てさせられ続けるでしょう。そして集団主義者たちは、現在の死体と将来の幽霊を交換可能であるかのように一緒くたにしながら、現実の人々には目もくれず、焦点の定まらない目で「人類への奉仕」のビジョンをまっすぐ見つめ語り続けるのです。

実業家たちが成し遂げたことをうらやましそうに見つめながら、「僕の手にすべての人々の人生と努力と資源がゆだねられさえすれば、僕はどれほど美しい公園を作れるだろう」などと夢想する臆病者たちの魂の中では、現実がこんな状態になっているのです。

どんな公共プロジェクトも、姿形はともあれ、コスト面では巨大なピラミッド建築と同じです。何らかの「非常に望ましい計画」が、「みんなが協力しないせい」で実現しないと恨みがましく訴えてくる公共心あふれる夢想家に今度会ったら、こう言ってやりましょう。「みんなに自発的に参加してもらえないなら、あなたの計画は実現しないままのほうがずっといい」と。「他人の人生は、あなたの意のままになる所有物じゃない」と。

なんなら彼が唱える理想の正体を、次の例で教えてやりましょう。ある種の視覚障害を持つ人たちは、死亡直後の人から角膜を移植してもらうことによって、視力を取り戻すことができます。さてこの事実は、集団主義の倫理に従えば、一つの社会問題を提起します。「健康な目を持つ人がいて、その目を必要とする人たちがいるとき、私たちはこの人物が死ぬまで目の摘出を待つべきか」という問題です。私たちはすべての人の目を公共財と見なして、「公平な分配方法」を考え出すべきですか？　「平等化」のために、生きている人の目を切り取って視覚障害者に与えろと、あなたは主張しますか？　あり得ない？　ならば、自由な社会で「公共プロジェクト」の当否に頭を悩ませるのは、もうやめることです。あなたは正しく答えたではありませんか。原理は同じなのです。

（一九六三年一月）

第十一章

ピラミッド建設に取りつかれる者たち

The Monument Builders

アイン・ランド

かつては世界中で理想とされていたものが、今ではボロ切れをまとった骸骨(がいこつ)となり、風に吹かれるかかしのようにカラカラ音を立てているというのに、人々にはあの血まみれのボロ切れの下で歯を剝き出している頭蓋骨を見上げる勇気もありません。その骸骨こそ、社会主義です。

社会主義は善意に動機づけられた政治理論であり、その目指すところは人々の幸福実現であると信じてしまった多くの人たちにも、五十年前なら（正当化の余地はありませんが）弁解の余地があったかもしれません。今日、そのように信じていることを無知による誤りと見なすことは、もはや不可能です。社会主義は、すでに地球上のすべての大陸で試みられたのです。その結果に照らして、社会主義を唱える者たちの動機を問うべきときが来ています。

社会主義が試みられた国で起きたこと

社会主義の基本特性は、個人の財産権の否認です。社会主義のもとでは、財産に対する権利（利用権と処分権）が「社会全体」、つまり集団に属します。そして国家が、つまり政府が、生産と分配を統制します。

社会主義政権は、ソ連（ソビエト社会主義共和国連邦）のように軍事力で樹立されることもあれば、ナチス（国家社会主義ドイツ労働者党）ドイツのように選挙で樹立されることもあります。社会主義化の程度は、ソ連のように全面的な場合もあれば、イギリスのように部分的な場合もあります。理論的には、このような差は表面的なものです。実践的には、このような差は時間の問題に過ぎません。基本的な原則は、どのケースでも同じです。

社会主義が目指すのは貧困の撲滅であり、社会全体としての繁栄・進歩・平和・友愛の実現であるとされていました。結果はぞっとするほどの失敗でした。彼らの動機が人々の幸福だったならば、ですが。

社会主義は、それを試みたすべての国で、繁栄ではなく経済の麻痺または崩壊、もしくはその両方をもたらしています。社会主義化の程度が、そのまま惨劇の程度になっています。このため、社会主義化によってもたらされた結果には幅があります。

イギリスは、かつてヨーロッパで最も自由で、最も誇り高い国家でした。しかし今や二流国に落ちぶれ、経済の血液の最良部分である中産階級と専門職を血友病のように失いながら、ゆっくりと滅亡に向かっています。有能で生産的で独立心ある人たちが、自由を求めて、カナダやアメリカに何千人という単位で移住しています。それは凡庸の支配からの逃亡です。自分の権利を無料の入れ歯と交換してしまった連中が「赤のほうが墓よりはましだ」と負け惜しみを言う、おぞましい救貧院から逃亡しているのです。

社会主義がより徹底的に実施された国では、まず飢饉が起こりました。ソ連でも、共産党支配下の中国でも、キューバでも、飢饉は社会主義政権の樹立を知らせる合図でした。これらの国では、社会主義によって人々が産業化前の水準の筆舌に尽くしがたい貧困に、文字通りの飢餓に追いやられ、今も窮乏状態に縛りつけられています。

それは、社会主義の擁護者たちが主張し続けているような「一時的状態」ではありません。半世紀続いているのです。四十五年にわたって計画経済を試みながら、ソ連はいまだに国民を食べさせる問題を解決できていません。

生産性の高さと経済発展の速度に関する限り、資本主義と社会主義の優劣の決着はついています。現在の東西ベルリンの差を見れば、正直な人なら誰でもわかります。

社会主義は、国際関係に平和をもたらすどころか、ぞっとするような新しい異常状態をもたらしました。「冷戦」です。冷戦とは、唐突な侵略の合間に布告なき停戦状態がある、恒常的な戦争状態です。「冷戦」でソ連は地球上の三分の一を奪い、社会主義の部族どうし・国家どうしは争い、社会主義インドはゴアを侵略し、共産主義中国は社会主義インドを侵略しました。

たいていの社会主義者とその同調者である「リベラル」たちは、「人類みな兄弟」の唱導者を気取りながら、社会主義諸国で行われている残虐行為を見過ごし、恐怖政治を世の常として容認しています。彼らのあの無感覚ぶりは、現代の道徳的堕落を雄弁に示す兆候です。たしかに彼らは、一九三〇年代にナチスドイツの残虐行為に抗議しました。しかし、それはどうやら原則の問題ではなく、同じ縄張りをめぐって争う別のギャングの抵抗に過ぎなかったようです。今や彼らからは、抗議の声がまったく聞こえてこないのですから。

ソ連におけるあらゆる自由と権利の廃止、あらゆる財産の没収、裁判なしでの処刑、拷問部屋、強制労働施設、何千万人では済まない数の大量虐殺。そして東ベルリンにおける血なまぐさい恐怖、たとえば逃亡を試みて銃弾で蜂の巣にされる子供たちの肉体。彼らはこうしたことを、「人道」の名のもとに容認しています。

ヨーロッパの社会主義諸国から脱出しようと、何十万という人々が有刺鉄線の柵を越え、機銃掃射の弾幕をくぐる絶望的試みに身を投じている悪夢を目にすれば、いかなる形を取っていようと、社会主義の動機は善意でもなければ人々の幸福実現への願望でもないとわかります。

本当に善意に動機づけられた人なら、これほどの蛮行がこれほどの規模で行われている事実から逃げることはできないはずです。

知識人たちの動機

社会主義は、大衆の運動ではありません。それは知識人の運動です。知識人が生み出し、指導し、統制する運動です。息苦しい象牙の塔から飛び出した知識人が、血なまぐさい実践のフィールドで、彼らの盟友にして下手人(げしゅにん)である悪党たちと連携して進める運動です。

では、このような知識人たちの動機は何でしょう。権力欲です。無力感、自己嫌悪、そして自分が稼ぎ出していないものへの欲望の現れとしての、権力欲です。

稼ぎ出していないものへの欲望には、物質的なものと精神的なものがあります（私が言う「精神」とは、人間の意識という意味です）。この二つの欲望は当然関係し合いますが、どちらかの欲望に極端に偏っている者もいるでしょう。精神的に稼ぎ出していないものへの欲望のほうが、より破壊的で、より醜悪です。それは自分が稼ぎ出していない偉大さへの欲望なのです。この欲望は、「威信」というあやふやでつかみどころのない言葉で表現されます（定義ではありません）。

物質的な欲望を持つ連中はただのゆすり、たかり、社会の寄生者、犯罪者などに過ぎず、その数も知性も限られており、精神的な欲望を持つ連中によって解放されて合法化されないうちは、文明を揺るがすほどの脅威になりません。

「稼ぎ出していない偉大さ」という観念はあまりにも非現実的・神経症的で、本人にすらそれが何だかわかっておらず、正体がわかった瞬間に消えてなくなるものです。

「偉大になりたい」という自分でもわけのわからない衝動を、利他主義・集団主義の不合理で定義不能なスローガンによって無理やり現実に結びつけ、他人を騙して犠牲にするより前に自分自身を騙す必要があります。「公益」「公共」「公共奉仕」などの言葉は、権力欲の自己催眠の手段であり、道具であり、左右に揺れる振り子なのです。

「公」という実体はなく、単に複数の個人の集まりでしかないので、公益が個人の利益と陰に陽に衝突しているというとき、それはただ一部の人たちの利益や願望のために他の人たちの利益が犠牲にされるべきだと言っているのです。公という概念は、あまりに都合よく定義があやふやです。そのため、「我こそは公なり」と宣言しながら銃口を突きつけて反論を封じる能力が高いギャングほど、この概念を自由に使いこなします。このような主張が銃、つまり物理的強制力なしに押し通されたことはありません。不可能なのです。しかし他方、このような主張なしには、ギャングたちが本来の居場所である裏社会を出て国家評議員にまでなり、国家の命運を握ることもないのです。

「我こそは公なり」と主張するには二つの方法があります。一つは、露骨な物質的寄生者たちが使う方法で、公益の名の下に政府の助成金を要求して着服するものです。もう一つは、指導的立場をとる精神的な寄生者たちが使う方法で、まるで盗品を売りさばく商人のように、自分が稼いでいない「偉大さ」を扱い、公益を代表する声の持ち主として自分自身を神秘化し、偉大さの幻想を抱くものです。

「威信」を得る手段としての公的モニュメント

精神的により健全で、現実により即しているのは、物質的寄生者のほうです。少なくとも彼らは、略奪したものを自分で食べるなり着るなりするのですから。これに対して精神的寄生者は、公的モニュメントの建設という、あらゆる活動の中で最も浪費的で無益で無意味な活動が、満足の唯一のみなもとなのです。そしてこのような活動が、命令することや恐怖をまき散らすこと以外で「威信」を得る唯一の手段なのです。

偉大さとは本来、明確に定義された合理的目標に向かう人間の頭脳による生産的努力によって達成されるものです。ところが、公的モニュメントの生み出す妄想は偉大さの幻影でしかありません。強制労働を課したり、金品を巻き上げたりした犠牲者たちに対する豪勢な贈り物として、誰の役にも立たず、誰も所有せず、誰にも捧げられないのに、すべての人に捧げられ、驚嘆され、所有されているかのように提示されるものなのです。

支配者が己の「威信」への執着をなだめる唯一の方法がこれです。誰の目に映る威信かといえば、誰の目でもいいのです。拷問にかけた犠牲者、己の王国の物乞い、宮廷のご機嫌取り、国境の向こうの部族とその支配者たちなど、あらゆる人たちの目に威信を焼きつけたいのに、誰の目にもそれは残らないまま、何世代にもわたって臣民たちの血が流されてきたのです。

聖書を題材にした映画で、ピラミッド建設のシーンを見たことがある人もいるでしょう。死せるファラオを、あきれるほど無意味な建造物の中に横たわらせることで、後世の人々の目に永遠の「威信」を持たせるべく、腹を空かせ、痩せ細り、ボロをまとい、虐待される家畜のように鞭を振るわれる人々の群れが、巨石を綱で引く非人間的な労働のために、乏しい筋肉の最後の力を振り絞り、働きながら倒れ、砂漠の砂に埋もれて死んでいくシーンです。公的モニュメント建設の意味を、まさに視覚化したシーンです。

今残されている文明最初期のモニュメントは、寺院と宮殿だけです。これらは同じ手段で、同じ代償を払って建造されました。飢餓と消耗で死んでいった古代の人々が、民族や支配者や神の「威信」には何らかの価値があると間違いなく信じていた、という事実によっては決して正当化できない代償を払って。

ローマが国家主義的な統制と課税によって滅びるあいだも、皇帝たちは大競技場を建設していました。フランスのルイ十四世は重税で国民を窮乏状態に追いやりながら、ベルサイユ宮殿を建設しました。同時代の君主たちをうらやましがらせ、モダンな旅行者を訪問させるためです。ソ連の労働者が無給の「自発的」労働で建設した大理石装飾のモスクワ地下鉄は、公的モニュメントです。ソ連大使館での、帝政期さながらにシャンパンやキャビアがふるまわれる豪勢な歓迎の宴も、公的モニュメントです。それは人民が乏しい食料配給のために並び続けるあいだにも、「ソ連の威信を守るために」必要とされるのです。

アメリカ合衆国の公的モニュメントの簡素さは、ここ数十年までのこの国の際立った特徴でした。建設されたモニュメントは、真の意味でのモニュメントでした。それらは、「威信」のために建てられたのではありません。歴史的に重要な行事を執り行うための、機能本位の施設として建てられました。独立記念館の禁欲的なまでの簡素さを目にした人なら、真の荘厳さと、「公共心あふれる」威信依存者たちのピラミッドの違いが理解できるはずです。

アメリカでは、人間の努力や物質的な資源が、公的モニュメントや公的プロジェクトのために徴用されることがありませんでした。人間の努力や物質的な資源は、一人ひとりの市民の、私的で個人的な幸福増進のために利用されたのです。アメリカ合衆国の偉大さは、この国の事実上のモニュメントが公的なものではないという事実にあります。

ニューヨークのスカイラインは、どんなピラミッドも宮殿も及ばない栄光のモニュメントです。しかしアメリカの超高層ビル群は、公的な資金によって建設されたわけではありません。公的な目的のために建設されたわけでもありません。個人の私的なエネルギーと、私的なイニシアチブと、私的な富によって、個人的利益のために建設されたのです。そしてこれらの超高層ビル群は、建設されることによって人々を貧しくしません。高く建設されるようになればなるほど、人々の生活水準を向上させています。スラム住民でさえ、古代エジプトの奴隷や現代のソ連の労働者より贅沢な生活を送っています。

これが、資本主義と社会主義の理論的かつ実践的な違いです。

盛んに宣伝されているモスクワの超高層ビルにしても、ソ連国営の工場や鉱山やダムにしても、彼らの「工業化」は、略奪と流血に支えられています。その実現のために費やされた膨大な人々の苦難を、没落を、窮乏を、恐怖を、数値化することは不可能です。しかし、私たちは知っています。四十五年というのは短い時間ではありません。すでに二世代に相当する年月が経過しました。「約束された豊かさ」の名のもとに、二世代にわたる人々が人間未満の貧困の中で生き、死んだのです。そして社会主義を今なお唱える者たちは、こうした事実に怯むこともありません。

彼らが何を言おうと、社会主義は善意に基づくものだと主張する権利はとっくに失われています。

社会主義は民主的な絶対君主制

現代社会の知的・文化的な真空の中を、社会主義化のイデオロギーが（ネオ・ファシズムの形態で）浮遊しています。不特定の目的のためにわけのわからない「犠牲」を求められることがどれほど多いか見てください。現行政権が「公益」を引き合いに出すことがどれほど多いか見てください。国際的威信とやらが急に脚光を浴び、「威信」の名の下におぞましいほど自滅的な政策が正当化されていることを見てください。近年のキューバ危機において、実際の問題は核ミサイルと核戦争だというのに、社会主義国支配者の「威信」だとか機嫌だとか面子を潰さないことなどを真剣に検討する必要があると、アメリカの外交官や評論家たちが考えていたことを見てください。

社会主義の原則・政策・現実的結果と、有史以前からのあらゆる虐政の原則・政策・現実的結果とのあいだには、何の違いもありません。社会主義とは、民主的な絶対君主制に過ぎません。つまり、トップが固定されておらず、無慈悲な立身出世主義者であれ、日和見主義者であれ、山師であれ、扇動家であれ、悪党であれ、どんな人物にでも権力を掌握されてしまう可能性がある絶対主義体制に過ぎません。

社会主義について考えるとき、その本来的性質について自分をあざむいてはなりません。「人権か財産権か」の対立など存在しません。財産権なしには、どんな人権も存在し得ないのです。財は、個人の頭脳と努力によって生産されます。財は、個人の人生を維持するために必要なものです。ですから、自分の努力の成果に対する所有権がないということは、自分の人生が自分のものではないということです。財産権を否定するということは、人々を国家の財産にするということです。他人が生産した富を「再分配」する「権利」を主張する者は、人間を動産として扱う「権利」を主張しているのです。

社会主義がもたらした地球規模の破壊、そしてあの血の海と何百万人もの犠牲者について考えるときは、次のことを思い出さなければなりません。彼らが犠牲になったのは、「人類の幸福」などといった「気高い理想」のためでは決してなく、自分が稼ぎ出していない「偉大さ」のマントを渇望する臆病な獣たちや、思い上がった凡人たちの、腐った虚栄心のためだったのだと。そして、人々の死体の基礎の上に建設された公営工場や、公営劇場や、公営緑地は、社会主義のモニュメントであり、社会主義のピラミッドなのだと。その頂上では、支配者の銅像が、己の頭上に広がる星一つない虚空に向かって絶叫しながら、己の胸を叩き、「威信」を懇願するポーズを決めているのだと。

（一九六二年十二月）

第十二章

個人の権利

Man's Rights

アイン・ランド

自由な社会を支持したい人、つまり資本主義体制を支持したい人は、自由な社会には個人の権利の原則が不可欠なことを理解しなければなりません。個人の権利を擁護したい人は、個人の権利を擁護する体制は資本主義以外にないことを理解しなければなりません。そして今日の知識人たちの中で自由がどう位置づけられているのかを知りたければ、個人の権利という概念がどれほど避けられ、歪められ、捻じ曲げられ、論じられていないかを観察することです。個人の権利を論じることを最も避けているのが、いわゆる「保守」たちです。

アメリカ合衆国が成し遂げた最も根本的な革命

権利は、道徳的な概念です。権利は、個人の行動の指針になる原則から自分と他人の関係の指針になる原則への、論理的な橋渡しをする概念です。そして、個人の道徳性を、社会的な文脈で維持し保護する概念です。さらに、個人の道徳律と社会の法律を結びつける概念であり、倫理学と政治学を結びつける概念でもあります。**個人の権利は、社会を道徳律に従属させる手段なのです。**

政治制度はすべて何らかの倫理体系に基づいています。人類の歴史上で支配的だった倫理学は、どれをとっても利他主義・集団主義の教義であり、神秘的または社会的な高次の権威に個人を従属させるものでした。その結果、たいていの政治制度はどれをとっても国家主義的独裁の種類であり、程度の差こそあれ基本原理は変わらず、伝統・混沌・血みどろの闘争・周期的崩壊の偶然性によってのみ制御されるものでした。こうした制度のもとでは例外なく、道徳とは個人に適用されるだけで、社会には適用されなかったのです。社会は道徳を体現し、あるいは源泉となり、あるいは独占的な解釈者として道徳律の外に置かれました。そして人間が地上に存在する上で倫理の主な目的は、自己犠牲によって社会的義務に献身することだと人々を教化することとされていました。

社会という実体はなく、社会はただ複数の個人の集合でしかないわけですから、社会を道徳律の外部に置いたということはつまり実際には社会の支配者たちを道徳律から免除したということになります。「社会（または部族・民族・国家）にとっての善こそが善であり、支配者の命令が社会の声だ」という暗黙の原理のもとに、支配者たちは、伝統儀式以外には何も縛られずに権力を完全掌握し、盲目的服従を要求したのです。

これは、神秘的または社会的な利他主義・集団主義の倫理に基づく、あらゆる国家主義体制に当てはまることです。前者の政治思想を端的に表現したのが「王権神授」であり、後者の政治思想を端的に表現したのが「民の声は神の声」です。例を挙げれば、ファラオが神の化身とされていたエジプトの神権政治であり、アテネの民主制における無制限の多数派支配であり、ローマ皇帝が実施した福祉国家であり、中世末期における異端審問であり、フランスの絶対王政であり、ビスマルク政権下プロイセンの福祉国家であり、ナチスドイツのガス室であり、ソ連の殺戮工場です。

これらの政治体制はすべて、利他主義・集団主義的な倫理の具現化でした。これらの体制すべてに共通するのが、社会が道徳律よりも上位に位置づけられていたことです。そして、社会が全能かつ至上の気まぐれ崇拝者として君臨していたことです。ですからこれらの体制はすべて、政治的には無道徳社会でした。

アメリカ合衆国が成し遂げた最も根本的な革命は、社会を道徳律に従属させたことです。

個人の権利の原則が意味していたのは、道徳の対象を社会体制にまで拡大することでした。その内実は、国家権力を制限することであり、集団の暴力から個人を保護することであり、力〔might〕を権利〔right〕に従属させることでした。アメリカ合衆国は、史上初の道徳的社会だったのです。

それまでのすべての体制は、個人を人々の目的のために犠牲になるべき手段と見なしていました。そして、社会それ自体を目的と見なしていました。アメリカ合衆国は、個人それ自体を目的と見なしました。そして社会を、個人どうしの平和的で秩序ある自発的な共存の手段と見なしました。それまでのすべての体制は、個人の人生は社会のものであり、社会は個人をどのように使ってもよいと考えていました。そして個人が享受する自由は、すべて社会からの恩恵であり、社会の許可あってのものであり、いつでも取り消すことができると考えていました。アメリカ合衆国は、個人の人生は権利として（つまり道徳原理として、生まれながらに）個人自身のものであると考えました。権利は個人の財産であり、社会それ自体にはいかなる権利もなく、個人の権利の保護だけが、政府の道徳的な目的であると考えました。

権利とは、個人の行為の自由を、社会的な文脈で定義し承認する道徳原則です。根本的な権利はただ一つ、自分の人生に対する権利だけです（他の権利は、すべてこの権利から導かれる帰結です）。生きることは、自活的で自発的な活動のプロセスです。つまり自分の人生に対する権利とは、自活的で自発的な活動を営む権利を意味します。これはつまり、理性的な存在として自分の人生を維持し、向上させ、実現し、享受するために本来的に必要な、すべての行為をする自由を意味するということです（これが「生命、自由、および幸福追求に対する権利」の意味です）。

あらゆる権利は行為とその結果に対する権利

権利は、行為だけに関わる概念です。より厳密には、行為の自由だけに関わる概念です。行為の自由とは、他人から物理的な強制・強要・干渉を受けない自由という意味です。

ですからすべての個人にとって、権利とは、積極的自由が道徳的に承認されることです。つまり、自分自身の判断に基づいて、自分自身の目的のために、自分自身の自発的な・強制されない選択によって、自分自身が行動する自由が、道徳的に承認されることです。ある個人の権利がこの人物の隣人たちに課す義務は、消極的義務、つまり、この人物の権利を侵害しない義務だけです。

自分の人生に対する権利は、すべての権利の源泉です。そして財産に対する権利は、すべての権利の唯一の実現手段です。財産権なしには、他のあらゆる権利が成り立ちません。人間は、自分の人生を自分の努力で維持しなければなりません。ですから自分の努力の成果に対する権利がない人間には、自分の人生を維持する手段がないことになります。自分が生産しているあいだに、自分の生産物が他人に処分されてしまう人間は、奴隷です。

覚えておいてください。財産権は、他のすべての権利がそうであるように、行為に対する権利であることを。物に対する権利ではなく、物を生産する、あるいは稼ぎ出す行為と、その結果に対する権利であることを。財産権は、個人がどんな財産を稼ぎ出すことも保証しません。個人が財産を稼ぎ出した場合に、その財産の所有者となることを保証するだけです。財産権は、物質的な価値を獲得し、保有し、利用し、処分する権利なのです。

人間の歴史の中で、個人の権利はごく新しい概念です。このため、現在でもたいていの人がこの概念を理解し切れていません。権利は、神秘主義の倫理に依拠して「神からの贈り物」と主張されたり、社会主義の倫理に依拠して「社会からの贈り物」と主張されたりしています。しかし実際には、権利の源泉は人間の本来的性質です。

「独立宣言」には、人間が「その創造主によって不可侵の権利を与えられている」と書かれています。人間を創造主の産物と考えようと自然の産物と考えようと、人間は理性的存在という特殊な存在である、人間は強制されながらではうまく機能しない、権利は人間固有の生存様式に不可欠の条件であるという事実は変わりません。

> 人間の権利の源泉は、神が定めた法でもなければ、議会が定めた法でもありません。人間の権利の源泉は、「AはAである」という絶対的な法則です。人間は人間なのです。人間にとって権利は、適切に生存するために不可欠の条件です。これは、人間の本来的性質としてそうなのです。人間は地上で生きるつもりなら、自分の頭脳を使うのが正しい〔right〕。自分の自由な判断に基づいて行動するのが正しい。自分にとっての価値のために働き、働いた成果を保持するのが正しい。人間の目的がこの地上で生きることであるなら、人間には理性的存在として生きる権利〔right〕があるのです。自然は人間に不合理を禁じているのです。
>
> (『肩をすくめるアトラス』)

権利のインフレーション

個人の権利を侵害することは、その人の判断に反する行為を強いることです。または、本人にとっての価値を取り上げることです。いずれにせよ、その方法は基本的に一つしかありません。物理的強制力を使うことです。個人の権利を侵害し得るものは、犯罪者と政府です。アメリカ合衆国の偉大な業績は、後者に前者の活動の合法版を禁じることによって、両者の区別をつけたことでした。

独立宣言は「こうした権利を確保するために、人々のあいだに政府が樹立された」という原則を規定しました。これによって政府の唯一の正当性が提供され、物理的暴力から個人を守ることによって個人の権利を守るという、政府の唯一の適正目的が定義されたのです。

こうして、政府の機能が支配者の役割から下僕の役割に変えられました。政府は個人を犯罪者から保護するものと定められ、そして個人を政府から保護するために、憲法が書かれました。「権利章典」は、私人としての市民に向けてではなく、政府に向けて書かれました。そこでは、個人の権利がどんな公的・社会的権力にも優越すると言明されました。

その結果として文明社会の形式が、ほんの百五十年ほどのあいだ、アメリカで実現する間際まで来たのです。文明社会とは、物理的強制力を人間関係に使うことが禁じられた社会です。そして政府による暴力の行使が、暴力を先に行使した者に対する報復としてのみ、警察官としての役割を果たす過程でのみ、認められる社会です。

個人の権利の原則は、このようなことを暗黙のうちに意味し、意図していました。これこそが、アメリカ政治哲学のエッセンスでした。しかしこのことは、明確に定式化されることも、完全に承諾されることも、一貫して実践されることもありませんでした。

アメリカが内に抱えた矛盾、それは利他主義・集団主義の倫理でした。利他主義は自由とも、資本主義とも、個人の権利とも相容れません。道徳上生贄の立場に立たされることは、幸福の追求と両立しません。

自由な社会を生んだのは、個人の権利の概念でした。自由の破壊は、個人の権利の破壊と共に始まりました。

国家権力を握った集団主義者は、一国を隷属させるにあたって、その物質的価値や道徳的価値を公然とは奪いません。一国の価値を奪うには、価値を内側から崩壊させる必要があります。物質的な領域における一国の富の略奪は、通貨のインフレーションによって達成されます。今日では同様のインフレーションが、権利の領域で推し進められています。後者のインフレーションでは、新たに宣伝される「権利」が増加していき、人々が気づかないうちに、この概念の意味が逆になっていきます。この手の「印刷機で作られる権利」は、悪貨が良貨を駆逐するように、真の権利を無効にしていきます。

新しい「権利」と強制労働施設という二つの相反する現象が、世界中で増殖しています。この異常さをよく考えてください。

そのからくりは、権利の概念を、政治の領域から経済の領域に移し替えたことです。

民主党の一九六〇年の政策綱領は、この移し替えをあからさまに要約しています。「民主党政権は、フランクリン・ルーズベルトが十六年前にアメリカの市民の良心に書き込んだ経済的権利章典を、改めて支持する」とこの政策綱領は宣言しています。

権利という概念の意味をしっかりと頭に置いて、この政策綱領に載っている次のリストを読んでみてください。

一、この国の企業または店舗または農場または鉱山で、役に立ち割に合う仕事に就く権利。

二、十分な食料・衣料・レクリエーションを確保できる所得を得る権利。

三、すべての農場主が、自分の生産物を育てて売ることによって、自分と家族にまともな暮らしをさせられるだけの収益を得る権利。

四、すべての事業主が、その事業の大小を問わず、国内外で不当な競争にさらされることも独占に支配されることもなく取引する権利。

五、すべての家族がまともな家に住む権利。

六、十分な医療を受け、かつ健康を達成・享受する機会を得る権利。

七、老齢・疾病・事故・失業の経済的不安から十分に保護される権利。

八、良い教育を受ける権利。

一つの疑問を各項目のあとに加えると、問題点がはっきりするでしょう。「誰の負担で？」仕事・食料・衣料・レクリエーション（!）・住居・医療・教育等々は、自然に生えてくるわけではありません。これらは、人間が作り出す価値です。人々が生産する財貨・サービスです。これらを誰が提供するのでしょう。

ある人たちの働きの成果を受け取る資格を、別の人たちが権利として与えられるということは、前者の人たちが権利を奪われて、奴隷労働の義務を課されるのと同じことです。

他人の権利の侵害を必要とする「権利」は、権利ではあり得ません。

本人が選択していない責務や、報酬のない任務や、自発的ではない隷属を他人に押しつける権利は、誰にもありません。他人を奴隷にする権利などあり得ません。

ある権利に含まれるのは、その権利の内容を、自分の努力で実現する自由だけです。内容を他人に実現してもらう権利までは含まれません。

この点において、アメリカ合衆国建国の父たちは知的に厳密でした。「幸福の権利」ではなく「幸福を追求する権利」と言ったのです。つまり、人には自分が幸福になるために必要と思う行動を取る権利があるだけで、他者が自分を幸福にする義務はない、ということです。

生命権、つまり生きる権利とは、自分で仕事をして（自分の能力に応じた高さの経済レベルで）自分自身の生活を支える権利があるということであって、他者が生活の面倒を見る義務を負うという意味ではありません。

財産権とは、個々人が自分の経済的行動によって財産を稼ぎ、使い、処理する権利であって、他者が自分に財産を与える義務を負うという意味ではありません。

言論の自由とは、人が自分の考えを発表するときに政府による抑圧の危険や干渉・懲罰を被らない権利であって、他者が発表のための講堂や放送局や印刷所を用意する義務を負うという意味ではありません。

複数の人間が関わる活動には、必ず全員の*自発的な*承諾が必要です。どの参加者にも、自分の意思を決定する権利があります。しかし、自分の意思決定を他の参加者に強制する権利は*誰*にもありません。

「仕事に就く権利」などというものは存在しません。自由に取引する権利があるだけです。つまり、自分を雇おうとする人物がいた場合に、その仕事に就く権利があるだけです。「家に住む権利」などというものは存在しません。自由に取引する権利があるだけです。つまり、家を建てるなり買うなりする権利があるだけです。「『公正な』賃金で雇われる権利」も、誰もその人物をその賃金で雇おうとしないなら存在しません。「『公正な』価格で売る権利」も、誰もその人物の生産物をその価格で買おうとしないなら存在しません。牛乳、靴、映画、あるいはシャンパンに対する「消費者の権利」も、誰もこうした物を作ろうとしないなら存在しません（自分で作る権利があるだけです）。

特定集団の「権利」などというものも存在しません。「農場主の権利」「労働者の権利」「事業主の権利」「被用者の権利」「雇用者の権利」「老人の権利」「若者の権利」「将来世代の権利」といったものは存在しないのです。存在するのは*個人の*権利だけです。つまり、一人ひとりの個人が持つ権利、*すべての*人が個人として持つ権利だけです。

財産権と自由に取引する権利だけが、個人の「経済的権利」です（そして実のところ、これらは政治的権利です）。「経済的権利章典」などというものは存在し得ません。ところが後者を唱える者たちは、前者を無効同然にしてしまいました。

すでにご承知のように、権利とは個人の行為の自由を擁護する道徳原則です。他人にどんな義務を課す原則でもありません。私人としての市民どうしは、互いの自由と権利に対する脅威ではありません。私人としての市民で、物理的強制力に訴えたり他の市民の権利を侵害したりする者は、犯罪者です。そして犯罪者からは、人々は法的に保護されています。

憲法違反を犯すのは政府だけ

犯罪者は、いつの時代もどの国でも少数です。そして犯罪者が人類にもたらしてきた害悪など、政府が人類に行ってきたおぞましい殺戮・戦争・迫害・押収・飢餓・奴隷化・大規模破壊に比べれば、微々たるものです。潜在的に、政府は個人の権利に対する最も危険な脅威です。政府は、物理的強制力の行使を合法的に独占しています。そして政府による強制力行使の犠牲者は、合法的に武器を奪われています。個人の権利によって制限も規制もされない政府は、人々にとってこれ以上ない敵です。「権利章典」は、私的行為からの保護としてではなく、政府の行為からの保護として書かれたのです。

この保護の破壊が、どのように進められているか見てみましょう。

この破壊は、政府に禁じられている（私人としての市民は行い得ない）違憲行為の罪を、市民になすりつけることで進められています。このなすりつけによって、政府があらゆる規制から解き放たれつつあるのです。このなすりつけは、特に言論の自由の領域で露骨になっています。ここ数年、集団主義者たちが言い広めていることがあります。私人としての個人が、自分と反対の意見の人物の資金提供を拒むのは、その人物の言論の自由を侵害する「検閲」だというプロパガンダです。

彼らはこう主張しています。新聞社が自社の立場と正反対の思想の作家を採用しなかったり、その作品の出版を拒んだりしたら、それは「検閲」だと。

彼らはこう主張しています。事業家が自分を攻撃・侮辱・中傷する雑誌に広告を出すことを拒んだら、それは「検閲」だと。

彼らはこう主張しています。たとえばアルジャー・ヒス[訳注1]をテレビ番組に招いてニクソン前副大統領を攻撃させるような非道行為に対し、その番組のスポンサーが抗議したら、それは「検閲」だと。

そしてニュートン・N・ミノー[訳注2]が現れこう宣言します。「広告主や全米ネット局や系列局が、視聴率を理由に番組案を却下している。これは検閲だ」と。自分の放送観に反する番組を流す放送局

訳注1　Alger Hiss（一九〇四－一九九六）。ソビエト連邦のスパイだったとされるアメリカ合衆国政府高官。
訳注2　Newton N. Minow（一九二六－）。ケネディ政権下でアメリカ連邦通信委員会（放送通信事業の規制監督を行う組織）の委員長を務めた。

の免許を剝奪すると脅すのも、それが検閲ではないと主張するのも、同じミノー氏なのです。

　このような潮流がどのような結果をもたらすか、考えてみてください。

検閲は、政府の行為だけに関わる概念です。私人が行うどんな行為も、検閲にはなりません。個人の発言を封じたり、出版を禁止したりする力は、どんな民間人にも民間組織にもありません。こういうことができるのは政府だけです。個人の言論の自由には、自分の敵に同意しない権利、耳を貸さない権利、資金を提供しない権利も含まれます。

　ところが「経済的権利章典」の原則に従うと、人には自分の財産の使いみちを自分の信念に基づいて決める権利がないことになります。そしてあらゆる主義主張の宣伝者に、自分のお金を無差別に渡さなければならないことになります。何しろ彼らには、他人の財産に対する「権利」があるのですから。

　これはつまり、思想を広く伝える手段を提供できる人は、自分の思想を守る権利を奪われるということです。出版者は、無価値・誤謬・邪悪と自分が判断する本を出版しなければならないということです。テレビ番組のスポンサーは、自分の信念を意図的に踏みにじるコメンテーターにお金を出さなければならないということです。新聞社の社主は、報道・出版界の奴隷化を求める若造どもに社説欄を明け渡さなければならないということです。無制限の自由を認められる「権利」を手にする人たちがいる一方で、自分の責任でできることが何ひとつなくなる人たちがいるということです。

しかし当然ながら、仕事やマイクや新聞のコラムは希望者全員には与えられません。このとき「経済的権利」の「分配」を誰が決めるのでしょう。所有者に選択権がなくなったあと、誰が受取人を決めるのでしょう。それはミノー氏がはっきりと教えてくれています。

資産のある人たちにしか関係がない話だと思い込んでいる人は、次のことを理解するべきです。「経済的権利」論は、あなたが作品を見に行ったこともない劇作家志望者や、ビートニク詩人や、ノイズ作曲家や、非客観的芸術家（といった者たちのうち、政治的なコネがある）全員に、あなたが与えてもいない経済的支援を受ける「権利」がある、という主張でもあります。芸術の助成にあなたの税金が使われるとは、そういうことです。

そして「経済的権利」について人々がやかましく論じている一方で、政治的権利の概念は消滅しつつあります。言論の自由の権利が意味するのは自分の意見を主張する自由であって、これには、人々から同意されなかったり、反対されたり、不評を買ったり、支援を受けられなかったりした場合に、その結果を受け入れることも含まれることは、忘れられています。言論の自由の権利の政治的役割は、体制に異を唱える者たちや、大衆から好かれない少数者たちを、力による抑え込みから守ることです。このような者たちが人気を得ていないときに、人気を下支えすることを保証することではありません。

「権利章典」には、「議会は、言論または報道・出版の自由を制限する法律（……）を制定してはならない」と書かれています。この条文は、私人としての市民に対して、自分の殺害を主張する人物にマイクを提供することを要求していません。自分の家を狙う泥棒に玄関の鍵を渡すことも、自分の喉をかき切ろうとしている殺人者にナイフを提供することも、要求していません。

政治的権利と「経済的権利」の対立は、まさにこのような状態にあります。この対立は、今日最も重大な問題の一つです。この対立は二者択一です。両者は破壊し合う関係です。しかし実のところ、「経済的権利」「集団の権利」「公益の権利」などといったものは存在しません。「個人の権利」という表現は冗長です。それ以外の権利はないのですから。権利を持つ存在は、個人以外にないのですから。

自由放任資本主義を擁護する者だけが、個人の権利の擁護者なのです。

（一九六二年四月）

第十三章

権利の集団主義化

Collectivized "Rights"

アイン・ランド

権利は、適切な社会的関係を定義する道徳原則です。個人に道徳律が必要であるように、社会（人間の集団）には道徳原則が必要です。個人に道徳律が必要なのは、生き抜くためです。つまり、行動するため、正しい目的を選んで実現するためです。社会に道徳原則が必要なのは、人間の本来的性質と人間の生存に不可欠の諸条件にかなった社会体制を組織するためです。

政治を集団主義で考えるのは道徳を主観主義で考えるのと同じ

人が現実を無視して刹那の気まぐれで行動し、じわじわ自滅していくことができるように、社会も現実を無視して、社会の成員や指導者の気まぐれ、その瞬間の多数派ギャング、デマゴーグや独裁者に支配された仕組みを作ることができます。しかし、そんな社会は暴力が支配してじわじわ自滅していくだけです。

倫理における主観主義は、政治における集団主義と同じです。「私が選んだのだから私のやることはすべて正しい」というのが道徳律たりえず道徳の否定でしかないのと同じように、「社会が選んだのだから社会のやることはすべて正しい」というのは道徳律ではなく、道徳を否定して社会課題から追放しているのです。

「力〔might〕」が「権利〔right〕」に対置されるとき、力という概念は、物理的な暴力しか意味しません。実のところ、それは力ではありません。最も絶望的な無能状態です。それは、破壊する「力」でしかありません。驚いて一斉に走り出した獣の群れの「力」でしかありません。

しかしこれこそが、今日たいていの知識人が目指している状態なのです。知識人たちはさまざまな概念のすり替えを行っていますが、その根底には、より根本的な概念のすり替えがあります。それは、権利の概念のすり替えです。彼らは、権利の概念を個人のものから集団のものにすり替えています。つまり、個人の権利を暴徒の権利にすり替えています。

権利を持つことができるのは個人だけですから、「個人の権利」というのは冗長な表現です（ただし現代の知的混沌の中では意味を明確にするために使わざるを得ない表現ですが）。しかし「集団の権利」という表現はもう言葉の矛盾です。

どんな集団も、個人の集合に過ぎません。規模が大きくても小さくても、です。メンバー一人ひとりが持つ権利以外の権利を、集団が持つことはあり得ません。自由な社会では、集団の「権利」は、メンバー一人ひとりの自発的な選択と契約的な合意に由来します。それはメンバー一人ひとりの権利が、特定の活動に適用されたものに過ぎません。あらゆる正当な集団活動は、各参加者の自由に共同する権利と自由に取引する権利に基礎づけられています（私が「正当な」と言うのは、「犯罪ではなく、自由に形成された」という意味です。「自由に形成された」というのは、「誰も参加を強制されていない」ということです）。

たとえば企業の事業を営む権利のもとになっているのは、企業オーナーの自分のお金を生産的な事業に投資する権利や従業員を雇う権利、各従業員の自分のサービスを売る権利、関係者全員の、生産して生産物を売る権利、そして、顧客のその生産物を買う（あるいは買わない）権利です。この複雑に連なる契約関係の鎖は、どの部分をとっても、個人の権利、個人の選択、個人の合意に基づいています。どの合意にも、範囲・内容・条件が定められています。つまり、お互いの利益を目的として、お互いが自発的に行う取引が基礎になっています。

このことは、共同経営体、企業、専門職組織、労働組合（自発的なもの）、政党など、自由な社会におけるあらゆる正当な組織に当てはまります。また、弁護人、代理店、労働組合代表などの、あらゆる代理契約にも当てはまります。代理人が持つ代理人としての権利は、被代理人が持つ権利に由来するものです。限定された特定の目的のために、被代理人の自発的な選択によって、代理人に与えられたものです。

集団そのものに権利はありません。個人は、集団に属することで新しい権利を得ることもなければ、自分が持っている権利を失うこともありません。個人の権利の原則は、あらゆる集団・社団にとって唯一の道徳的基盤です。
この原則を認めない集団は正当な集団ではなく、ギャングか暴徒です。
個人の権利を認めない集団の活動原則は、衆愚支配主義か、でなければ私刑合法主義です。

国家が正当な権利を持つのはどのような場合か

「集団の権利」という概念（権利が個人ではなく集団に属するという概念）は、「権利」が一部の人たちに属し、別の人たちには属さない、一部の人たちは他の人たちを好きなように扱っていい、そしてそういう特権的立場は数的優位によって成り立つという意味です。

こんな教義を正当化することは不可能であり、誰も正当化した試しがありません。その由来する利他主義の倫理と同じで、この教義は神秘主義に依拠しています。「王権神授説」のように超自然的な命令を信仰する古めかしい神秘主義か、あるいは現代の集団主義者の信奉する社会的神秘主義、つまり社会における個人の総和に優越する超自然的存在として社会を神秘化するものか、そのどちらかです。

この集団主義者の神秘主義が無道徳であることは国家の権利の領域に特に顕著です。

国家もまた、他の集団と同じように、複数の個人から成っており、個々の市民が持つ権利以外の権利を持つことはありません。自由な国家、つまり国民の権利を認め、尊重し、保護する国家は、領土・社会体制・政治形態に対する権利を持っています。そういう国家政府は市民の統治者ではなく、市民の下僕または代行者であり、特定の限定された（個人の自衛権から派生した、物理的暴力から市民を守るという）任務のために委譲されたこと以外の権利はありません。

自由な国家の市民は、特定の法的手続きや自分の権利の実現方法について、同意していないかもしれません（これは政治学と法哲学で扱われるべき複雑な問題です）。しかし自由な国家の市民は、実現されるべき基本原則が個人の権利の原則であることには、同意しているのです。個人の権利には公権力が及ばないことが憲法で定められれば、政治権力が及ぶ領域は、厳格に制限されます。そうなれば市民は、この限定された領域で多数決に従うことに合意できるでしょう。それは安全であり、適切なことです。少数派や異端者も、多数決によって自分の生命や財産がおびやかされることがなくなります。他人に無制限に力を及ぼせる個人や集団が、存在しなくなります。

このような国家には、正当な権利としての主権があります（「正当な」とは「市民の権利に由来する」という意味です）。そして自国の主権が、他のすべての国家から尊重されることを要求する権利があります。

しかしこうした権利を、独裁国や蛮族や絶対主義専制国が主張することはできません。自国の市民の権利を侵害する国家には、どんな権利を主張する資格もありません。道徳に関わる問題と同じく、権利に関わる問題にダブルスタンダードは許されません。暴力によって支配される国家は、国家ではなく遊牧民の群れのようなものです。指導者がアッティラ[訳注1]だろうがチンギス・ハンだろうが、ヒトラーだろうがフルシチョフだろうがカストロだろうが、変わりはありません。アッティラがいったいどんな権利を、どんな根拠で要求できるでしょう。

このことは、あらゆる野蛮社会に当てはまります。古代の野蛮社会か、近代の野蛮社会かは問いません。原始的な野蛮社会か、「工業化」した野蛮社会かも問いません。他の人たちの権利を侵害する「権利」が、一部の人たちに与えられることは、絶対に正当化されません。地理、人種、伝統、直前の発展状態がどうあろうと、このことは変わりません。「民族自決」の権利が適用されるのは、自由な社会か、自由を確立しようとしている社会だけです。独裁国には適用されません。個人が自由に行動する権利に、犯罪を行う「権利」（つまり他人の権利を侵害する「権利」）は含まれません。同じように、国家が統治形態を決める権利に、奴隷社会を確立する権利（つまり、一部の人たちが別の一部の人たちを奴隷化することを合法化する権利）は含まれないのです。**「奴隷化する権利」など存在しません**。個人が犯罪者になるように、国家が国民を奴隷化することはありますが、それは権利として行えるものではないのです。

一国全体の奴隷化が、ソ連のように軍事力で行われたか、それともナチスドイツのように投票で行われたかは、この状況では無関係です。個人の権利は、多数決には従属しません。少数派の権利を、多数派が投票で奪う権利はありません。権利の政治的な役割は、まさに少数派を多数派の抑圧から保護することにあります（そして、地球上で最も小さな少数派は個人です）。侵略されて奴隷社会になったか、それとも自ら選択して奴隷社会になったかを問わず、奴隷社会は、国家の権利を主張できません。国家の「権利」の承認を、文明諸国に求めることもできません。それは、ギャング団が犯罪活動に従事することを全員一致で選択したからといって、法人としての「権利」の承認を要求したり、企業や大学と法的に同等の扱いを要求したりできないのと同じことです。

独裁国家は無法者です。すべての自由な国家には、ナチスドイツに侵攻する権利がありました。今ならソ連、キューバ、およびその他の奴隷収容所に侵攻する権利があります。実際に侵攻するかどうかは、各国の自己利益の問題です。ギャング団のボスたちの、存在もしない「権利」を尊重するかどうかの問題ではありません。自由な国家には、自国の利益を犠牲にして他国を解放する義務はありませんが、選択するならそうする権利があります。

ただし、この権利は条件付きです。独裁国を侵攻し打倒する国は、征服した国で新たな奴隷社会を確立する権利を与えられるわけではありません。これは、犯罪を征圧する警察官が、犯罪を行う権利を与えられるわけではないのと同じことです。

奴隷国に国としての権利はありませんが、その市民の個人の権利は、たとえ認識されていなくても有効であり、征服者はそれらを侵害する権利もありません。したがって、奴隷化された国の侵略は、征服者が自由な社会システム、つまり個人の権利の認識に基づくシステムを確立した場合にのみ道徳的に正当化されます。

訳注1　五世紀に中央アジア・コーカサス・東ヨーロッパから東ローマ帝国に侵攻した遊牧民フン族の王の名前。ブランデン（とその影響を受けた当時のランド）は、「富を生産せず暴力で奪い取る者」の意味でこの語を使う。

完全に自由な国は、今日存在しません。いわゆる「自由主義諸国」を構成するのは、各種の「混合経済」です。ということは、地球上のすべての国は、他のどの国が侵攻しようと道徳的に正当ということになるのかという疑問を持つ人もいるかもしれません。答えはノーです。個人の権利の原則を承認した上で、その実現が完全ではない国と、この原則を明示的に否定して嘲笑する国は、同じではありません。すべての「混合経済」は、不安定な過渡状態です。最終的に自由社会への移行に成功するか、失敗して独裁社会に転落するかのいずれかです。次の四つの特性を持つ国は、間違いなく独裁国と判定できます。その四つの特性とは、「一党独裁」「裁判なし、または模擬裁判での政治犯の処刑」「私有財産の国有化、あるいは収用」そして「検閲」です。これらの非道を犯す国は、道徳的な特権も、国家の権利や主権を主張する正当性を放棄し、無法者になります。

国家の権利をめぐる「リベラル」のダブルスタンダード

この問題に関して、現代「リベラル」たちが見せた恥ずべき迷走と知的破綻を見てください。「リベラル」たちは国際主義を、長いあいだ自分たちの基本教義の一つにしていました。ナショナリズムを重大な社会悪と見なし、資本主義の産物と見なし、戦争の原因と見なしていました。彼らは、どんな形の国益にも異を唱えていました。合理的な愛国心と、盲目的でレイシスト的なショービニズムを区別することを拒み、どちらも「ファシズム」だとののしっていました。国境を解消し、すべての国家を「一つの世界」に統一しようと唱えていました。彼らにとって「国家の権利」

は、財産権に次ぐ重要な攻撃目標だったのです。

今日の「リベラル」たちは「国家の権利」に最後の一縷の望みをかけて自分たちの理論を倫理的に正当化しようとしています。半社会主義・半共産主義・半ファシストで全面的に剝き出しの暴力の行使に傾倒した小さな独裁国家群を「新興国家」と呼び、それが皮膚病のように地球の表面に広がっているのです。

「リベラル」たちが道徳的正当化の手段として持ち出し、私たちに尊重するよう要求しているのが、あのような国々の「国家の権利」です。つまりあのような国々が、自国の統治形態をいくらでも好きなように選択する権利です。「リベラル」たちの言い分によれば、キューバが自国の統治形態を決める「国家の権利」こそ、私たちが侵害も干渉もしてはならないものです。自由諸国の正当な「国家の権利」を壊滅同然にまで追いやった「リベラル」たちが、今や独裁国の「国家の権利」の承認を要求しているのです。

さらにひどいことに、「リベラル」たちが擁護しているのは単なるナショナリズムではありません。それはレイシズムです。しかも、原始部族的なレイシズムです。

このダブルスタンダードを見てください。「リベラル」たちは、西洋文明諸国では、今なお国際主義と地球規模での自己犠牲を唱えています。その一方で、アジアやアフリカの野蛮人たちには、種族抗争間で大量殺戮し合う「権利」(主権としての「権利」)を認めているのです。人類は産業化以前どころか、先史時代まで退歩しています。社会観が、種族主義的な集団主義まで後退しているのです。

論理的帰結として、リベラルの道徳的退廃はこのようなクライマックスを迎えるしかありません。権利の集団化を受け入れたとき、それは所有権の集団化の序曲だったのです。

彼らの罪の告白は、彼らの用語法に表れています。なぜ彼らは、自分たちが唱導していることを「権利」という言葉で言い表すのでしょう。なぜ自分たちが実践していることを唱導しないのでしょう。自分たちが実践していることが表立って言えることで、正当化できることなら、なぜそうしないのでしょう。

答えは明らかです。

（一九六三年六月）

第十四章

本来の政府

The Nature of Government

アイン・ランド

政府とは、特定の地域で社会的行為のルールを守らせる権力を独占する機関です。このような組織は人間に必要でしょうか？　そしてその理由は？

自己判断とその成果が尊重されない環境で人間は生きられない

人間にとって思考は、生存のための基本的な手段です。人間は自分の行為の指針になる知識を、思考によって得ます。ですから人間にとって、自分の合理的な判断に従って思考し、行動する自由があることは、基本的な生存条件です。これは、人間は一人で生きなければならない、ということではありません。無人島が人間のニーズに最も適した環境である、ということでもありません。人間は、取引し合うことで膨大な利益を得ます。人間は社会の中で生きたほうがうまく生きられるのです。ただし条件があります。

社会的生存は、二つの素晴らしい価値を可能にします。知識と取引です。人間は、知識の蓄えを世代から世代に伝えて広げていく唯一の生きものです。人間に利用できる知識の量は、一人が一生かけても獲得できないほど膨大です。すべての人が、他人に発見された知識から計り知れない利益を得ています。二つ目の素晴らしい利益は分業です。分業は、各人が特定の分野の仕事に努力を集中し、他の分野に特化した人たちと取引することを可能にします。こうした協業に参加することによって、無人島や自給自足農場で各自が必要とするものをすべて生産しなくてはならないよりも、ずっと多くの知識・スキル・収穫を得ることができます。

しかし、まさにこれらの利益が明らかにしていることがあります。それは、互いに価値ある存在になれるのはどのような人たちか、どのような社会でそうなれるかということです。つまり、合理的で、生産的で、独立した人たちだけが、合理的で、生産的で、自由な社会でのみ互いに価値ある存在になれるということです。

（第一章「オブジェクティビズム倫理学」）

社会が個人の努力の成果を奪い、あるいは隷属化し、あるいは思考の自由を制限しようとし、あるいは本人の合理的判断に反する行動を強いるなどして、人間の性質と社会的命令のあいだに葛藤を設けるようなことをするなら、それは厳密には社会ではなく、制度化されたギャング支配による暴徒の集団です。そんな社会は人間の共同生活のあらゆる価値を破壊するもので、いかなる正当化もできず、社会的便益の源泉ではなく人の生存を致命的におびやかすものです。ソ連やナチスドイツに比べたら、無人島で暮らすほうが比べ物にならないほど安全です。

平和で、生産的で、合理的な社会で生きたければ、そして取引を通じて相互に利益を得たければ、人々が受け入れなければならない基本的な社会原則があります。それは個人の権利の原則です。この原則なしには、道徳的な社会も、文明社会も成り立ちません（十二章と十三章を参照してください）。個人の権利を認めるということは、すなわち人間が適切に生きていくために必要な条件を認めて受け入れることに他なりません。

個人の権利は、物理的強制力（暴力）を使うことでしか侵害できません。他人のいのちを奪うことも、他人を奴隷にすることも、他人から物を奪うことも、物理的暴力を使うことでしか実現できません。人が自分の目的を追求するのを他人が妨害することも、その人の合理的な判断に反する行為を他人がさせることも、物理的暴力を使うことでしか実現できません。

文明社会が成り立つためには、社会における人間関係から物理的暴力を排除しなくてはなりません。人と人が関わるときには理性で行うという原則を確立するのです。話し合い、説得、無理強いされない自発的な合意によって関係を結ぶのです。

暴力への報復は道徳的な要請

個人の生命権には自衛権がつきものです。文明社会では、暴力を行使してきた者に対する報復として使われる場合に限り、暴力を使うことが許されます。暴力を一方的に行使するのが邪悪であるのとまったく同じ理由で、報復のための暴力行使が道徳的に求められるのです。

仮に、報復としての暴力の行使を放棄した「平和主義」の社会があった場合、不道徳になることを決断した悪人が一人現れるだけで、この社会は完全にこの悪人の意のままになります。そういう社会は平和の意図とは正反対の結果を招きます。悪を滅ぼす代わりに奨励してしまうのです。

もし社会が組織的に暴力から市民を保護する仕組みを持っていなかったら大変なことになります。誰もが武装して自宅を要塞にして近づいた人間を射殺するか、あるいは自衛のためのギャングに合流して他の自警団のギャングと抗争し、社会全体が暴力抗争に陥り、前史以前の部族間抗争の時代に戻るしかなくなることでしょう。

物理的暴力は、たとえ報復的行使であっても、個々の市民の裁量にゆだねることができないものです。あらゆる隣人が暴力を行使してくる可能性に、いつもおびえなければならない状態では、平和的な共存は不可能です。ある人物に暴力を行使するかどうかを、任意の誰かの恣意的な判断にゆだねることはできません。この人物の隣人たちに善い意図があろうとなかろうと、合理的な判断力があろうとなかろうと、このことは変わりません。また、この人物の隣人たちが正義感に動機づけられていようと、無知や偏見や悪意に動機づけられていようと、このことは変わりません。

たとえばある男が財布をなくし、盗まれたに違いないと思い込み、捜索のために近所のすべての家に押し入ったら、と想像してみてください。最初に嫌な顔を見せた隣人を、自分に嫌な顔をしたのは有罪の証拠だと判断して銃で撃ったら、と想像してみてください。

暴力を報復として行使するためには、犯罪が行われたことを証明し、誰がその犯罪を行ったかを立証する、客観的な手続きが必要です。また、刑罰と執行手順を定める客観的な法律も不可欠です。このようなルールなしに刑事裁判を行おうとする集団は、疑わしい人物をリンチする暴徒と同じです。報復としての暴力の行使を一人ひとりの市民にゆだねる社会は、暴徒支配へ、リンチの合法化へ、私人どうしの血なまぐさい抗争と復讐の無限連鎖へと、退行していく他ありません。

物理的暴力を社会的諸関係から排除するには、客観的な規則体系に基づく人々の権利の保護を任務とする機関が必要です。

これこそが、政府の（適正な政府の）任務なのです。これこそが、政府の基本的な任務であり、政府が道徳的に正当である唯一の理由であり、人間が政府を必要とする理由なのです。

政府は、報復としての物理的暴力の行使を、客観的な統制のもとに置く手段なのです。客観的な統制のもとに置くというのは、客観的に規定された法律に従わせるということです。

暴力の行使を気まぐれから分離する

私人の行為と政府の行為の基本的な違いは、今日では全面的に無視、またはうやむやにされていますが、政府が物理的暴力の法的使用を独占している事実にあります。政府によるこのような独占が必要なのは、政府が暴力の行使を抑止し征圧する機関だからです。そしてこれとまったく同じ理由により、政府の行為は、内容も範囲も厳密に規定され、規制されなければなりません。政府の振る舞いには、一片の気まぐれも許されてはなりません。政府は、法律を唯一の原動力とする、非人間的なロボットでなければなりません。社会が自由であるためには、政府が統制されなければならないのです。

適切な社会体制のもとにおいて、民間の個人は（他者の権利を侵害しない限り）何をしようと法的に自由である一方、政府の役人はどんな公的行為においても法律に縛られています。個人は法的に禁じられていること以外は何をしてもいいのですが、役人は法的に許されていること以外は何もしてはいけないのです。

これが、「力〔might〕を権利〔right〕に従属させる」ということの意味です。これが、「人治ではなく法治」というアメリカ的概念の意味です。

自由社会にふさわしい法律の性質も政府の権威の源泉も、ともに適切な政府の性質と目的から導き出されます。どちらについても、基本的な原則は独立宣言の次の一節に示されています。「こうした（個人の）権利を確保するために、人々のあいだに政府が樹立され、政府は統治される者の合意に基づいて正当な権力を得る（……）」

個人の権利を守ることだけが政府にふさわしい目的ですから、すべての法律は個人の権利に基づいてそれを守るために制定されなくてはなりません。法律はすべて客観的（そして客観的に正当化できるもの）でなくてはなりません。すなわち、法律が何を（なぜ）禁じていて、何が犯罪を構成し、犯罪に対する刑罰が何かを、人が明確かつ事前に知るものでなくてはなりません。

政府の権威の源泉は、「統治される者の合意」です。これが意味するのは、政府は支配者ではなく、市民の代理人であるということです。つまり政府自体には、市民から特定の目的のために委託される権利以外、どんな権利もないということです。

自由で文明的な社会で生きたいなら、個人が承諾しなければならない原則が一つだけあります。それは、秩序ある・客観的な・法的に規定された執行を目的として、物理的暴力の行使を放棄し、物理的な自衛の権利を政府に委託するという原則です。別の言いかたをすれば、暴力と気まぐれの分離を受け入れなければならないということです（この気まぐれには、自分自身の気まぐれも含まれます）。

全員が道徳的な社会でも政府は必要

それでは、二人の人物が共同で行っていることについて、二人の意見が対立した場合はどうなるでしょう。

自由な社会では、人々は取引することを強制されません。人々は自発的な合意によってのみ取引します。そして時間的な要素が絡む場合は、契約に基づいて取引します。当事者の一方が勝手に契約を破れば、もう一方が破滅的な経済的損失を被り、相手の財産を差し押さえて賠償させるしかなくなることもあり得ます。しかしこのような場合も、暴力の行使を、個人の判断にゆだねることはできません。ここから、政府の機能の中で最も重要で複雑なものの一つが導かれます。それは仲裁者の機能です。つまり、人々の紛争を客観的な法律に基づいて解決する機能です。

少しでも文明化された社会なら、犯罪者は少数派です。しかし、民事裁判を通じて契約が保護され、強制執行されることは、平和な社会の最も重要なニーズです。このような保護がなければ、文明が発達することも、維持されることも不可能です。

人間は、動物のように目先の行動で生き残ることはできません。人間は目標をくわだて、くわだてた目標を一定の時間をかけて達成しなければなりません。長期的に行動を計算し、人生を計画しなければなりません。高度な頭脳と知識を持つ人ほど、長期の計画を立てます。文明が高度で複雑になればなるほど長期の計画が必要になり、長期の契約が結ばれるようになり、契約した合意を守ることがより喫緊の課題となります。

物々交換の未開社会でさえ、一かごのじゃがいもを一かごの卵と交換することに合意した者が、卵を受け取ったあとでじゃがいもを渡すことを拒否したら、機能しません。工業社会では、十億ドルの商品が信用取引で納品され、何百万ドルもの建造物が建設され、九十九年にわたるリース契約が結ばれます。そこでこのような気まぐれに支配される行動がまかり通ったらどうなるか、想像してみてください。

契約の一方的な不履行は、暴力の間接的な行使を伴います。相手から商品またはサービス（つまり物質的価値）を受け取ったあとで、その代価の支払いを拒んだ者は、受け取った価値を所有者の同意なしに、ただ物理的に持ち続けることで占有し続けています。つまり権利ではなく暴力によって、価値を占有し続けています。これが、契約不履行のエッセンスです。詐欺も同じように、暴力の間接的な行使を伴います。詐欺とは、嘘の主張や嘘の約束に基づいて、所有者の承諾なしに、物質的価値を獲得することです。恐喝も、暴力の間接的な行使の一種です。恐喝とは、価値との交換によってではなく、暴力や名誉毀損の脅威によって、物質的価値を獲得することです。

こうした行為の中には紛れもない犯罪もあれば、犯意はなく無責任や不合理のために引き起こされた契約の一方的不履行のようなケースもあります。また、どちらの当事者にも何らかの正当な言い分があるような、複雑なケースもあります。いずれにしてもこうした問題はすべて、客観的に規定された法律のもとで、法律をつかさどる中立の仲裁者によって、解決される必要があります。この中立な仲裁者が、裁判官（場合によってはこれに加えて陪審員）です。

こうしたすべてのケースで司法が従わなければならない基本的な原則があります。それは、「所有者の同意なしには、他人からどんな価値も得てはならない」そしてその帰結として「個人の権利が、他人の一方的な決定や、恣意的な選択や、不合理性や、気まぐれに左右されることがあってはならない」という原則です。

以上が、政府の適正な目的のエッセンスです。つまり、人々が互いに生じさせ得る利益を守り、互いに生じさせ得る害悪と闘うことにより、人々の社会的生存を可能にすることです。

政府の適正な機能は、大きく次の三つのカテゴリーに分かれます。一つ目が、人々を犯罪から守る**警察**です。二つ目が、人々を外国の侵略から守る**軍隊**です。三つ目が、人々のあいだの紛争を、客観的な法律に従って解決する**裁判所**です。いずれのカテゴリーも、物理的暴力をめぐる問題と、人々の権利の保護に関係します。

これら三つのカテゴリーのそれぞれが、必然的・派生的にさまざまな論点を含んでいます。具体的な立法の形を取ったこれらの実施は、きわめて複雑です。これは、法哲学の分野に属する問題です。実施の領域では、多くの誤りや、意見の対立が起こり得ます。しかし、ここで重要なのは実施されなければならない原則です。つまり、「法律も政府も、その目的は個人の権利の保護である」という原則です。

今日では、この原則が忘却され、無視され、うやむやにされています。その結果人類は、今や世界中で絶対主義的暴政の無法状態へ、暴力に支配される原始的野蛮状態へと後退しているのです。

無政府主義の愚かしさ

こうした潮流への無思慮な抵抗の中に、政府そのものが本来邪悪なもので無政府状態こそが理想的社会体制ではないかという問いを掲げる人たちがいます。政治理念としての無政府状態は、現実から遊離したナイーブな抽象概念です。これまで論じてきたすべての理由により、政府を持たない社会は、最初に現れた犯罪者の意のままになり、ギャング団どうしが抗争するカオス状態に陥ります。しかし、無政府状態に反対する根拠は、不道徳な人間が現れる可能性だけではありません。仮に社会の構成員全員が完全に合理的で、非の打ち所なく道徳的でも、社会は政府なしには機能しません。嘘のない主張どうしが対立したときのための、客観的な法律と仲裁者が必要とされる以上、政府機関は不可欠なのです。

無政府主義の最近の変種に「複数の競合政府」という、自由主義の若者たちを惑わせている馬鹿げた珍説があります。政府と経済の機能の違い、暴力と生産の違いを認めず、経済の国有化を提唱する現代国家主義の基本前提を受け入れた上で、「複数の競合政府」を提唱する連中はコインを裏返し、経済にとって競争が有益なのだから、政府にも競争原理を導入すべきだ、と主張するのです。独占的な単一の政府の代わりに、同じ地域に複数の政府があって市民の支持を競い合うべきで、すべての市民が政府のショッピングをして、気に入った政府を選んでひいきにする自由があるというのが彼らの主張です。

ここで、力によって人を強制することだけが政府の提供すべき唯一のサービスだということを忘れないでください。そして、もし力による強制を競争させたらどういう事態にならざるを得ないかを考えてみてください。

「複数の政府の競争」は、言葉の矛盾とも呼べません。「競争」そして「政府」という言葉の理解を、明らかに欠く理論だからです。現実から遊離した抽象概念とも呼べません。そもそも現実との接点がなく、大まかにさえ具体化できない理論だからです。例を一つ挙げれば十分でしょう。政府Aの顧客であるスミス氏が、泥棒の被害にあいます。スミス氏は、隣人ジョーンズ氏が犯人ではないかと疑います。ジョーンズ氏は、政府Bの顧客です。政府Aの警官たちがジョーンズ氏の家におもむくと、玄関に政府Bの警官たちがいます。政府Bの警官たちは、自分たちはスミス氏の訴えを有効と認めないし、政府Aの権威も承認しないと宣言します。こんなことになったらどうなりますか？　これで理解できるはずです。

政府観の倒錯は深刻化している

政府という概念は長く曲がりくねった進化の歴史をたどってきました。どんな組織化された社会においても、政府は正しく機能しているというような何かがしかの雰囲気が漂っていたようです。それは政府と強盗団の（実際には存在しないことの多い）暗黙の相違だとか、「法と秩序」の守護者に与えられる尊敬や道徳的権威の雰囲気などに現れ、最も邪悪な政府でさえ、それが単なる慣習と伝統を通じてであっても、秩序と正義を維持するふりをして、神秘的あるいは社会的な性格の何らかの権力正当化を試みるものだったのです。ちょうどフランスの絶対君主たちが「王権神授説」を持ち出さざるを得なかったように、現代のソ連の独裁者たちは隷属化した国民に支配の正当性を信じさせるべくプロパガンダに大金を投じる必要がありました。

政府の適正な機能が理解されたのは、人類の歴史上、ごく最近のことです。それはわずか二百年前、アメリカ独立革命における建国の父たちから始まりました。建国の父たちは、自由な社会がどのようなもので、なぜ必要なのかを明らかにしただけではありません。彼らは、自由な社会を現実化する手段を考え出しました。自由な社会は、人間が作り出すあらゆるものがそうであるように、行き当たりばったりに実現できるものではありません。ただ願うだけで実現できるものでもなければ、指導者たちの「善意」で実現できるものでもありません。社会を自由にし、自由を維持するためには、客観的に正当な原則に依拠する、複雑な法制度が必要です。特定の官僚の動機や、徳性や、意図に依存しない制度が必要です。専制政治の台頭を許す法的抜け穴のない制度が必要です。チェックアンドバランスを組み込んだアメリカ合衆国の制度は、まさにこれらのことを実現したものでした。憲法には国家主義台頭の抜け穴になる矛盾がいくつか含まれていましたが、「政府の権力を制限する手段としての憲法」という概念は、比類のない進歩でした。

この重要な事実をもみ消そうと、半ば集団的な努力が払われている今日、どれほどくり返しても足りないことがあります。それは、憲法は私人としての個人を制限するものではなく、政府を制限するものであるということです。そして、私人としての個人の振る舞いを規定するものではなく、政府の振る舞いのみを規定するものであるということです。そしてまた、政府に権力を与える憲章ではなく、政府から市民を保護する憲章であるということです。

ここで今日行き渡っている政府観が、道徳的にも政治的にもどれほど倒錯しているか考えてみましょう。今や政府は、個人の権利の擁護者ではなく、個人の権利の最も危険な侵害者になりつつあります。自由を守るのではなく、奴隷制を打ち立てつつあります。物理的暴力を先に行使してくる者たちから人々を守るのではなく、あらゆる問題について、あらゆるやりかたで、好き放題に、先に物理的暴力を行使しています。人間社会において客観性を提供するべき政府が、官僚が恣意的に解釈する非客観的な法律によって恐怖と不安を呼ぶ陰険な支配を行っています。こうした支配の手段となるのが、ランダムに現れる官僚たちの恣意的な判断に解釈がゆだねられる、客観性が欠如した法律です。気まぐれによる危害から人々を守るのではなく、無制限の気まぐれが許される権力を、自らに与えつつあります。これらにより私たちは、究極の倒錯のステージに急速に近づきつつあります。そのステージとは、政府はやりたいことを何でも自由にできる一方で、市民は許可されたこと以外は何をすることも許されない、人類史上最悪の暗黒時代のステージです。すなわち、暴力支配のステージです。

「人類は、物質的進歩に見合うだけの道徳的進歩を達成していない」としばしば言われてきました。そのあとには、人間というものの本来的性質に関する、悲観的な結論が続くのが常でした。人類の道徳状態が屈辱的に低いことは事実です。しかし、人類がどこまでも道徳的に退廃した政府のもとで歴史の大半を過ごしてきたか（それは利他的集団主義の倫理によって可能になったものですが）を考えれば、むしろ人類が文明の外見でさえ維持し続け、自分の脚でまっすぐ歩けるだけの自尊心のかけらを維持し続けたことを不思議に思うほどでしょう。

そして、人間の知的復興（ルネサンス）の闘いの一環として、どのような政治原則が提唱され受け入れられなければならないかが、よりはっきりと見えてくるはずです。

（一九六三年十二月）

第十五章

自由な社会における政府の資金調達

Government Financing in a Free Society

アイン・ランド

「完全に自由な社会では、政府はどのような方法で資金調達するのが適切ですか?」

これはよく、オブジェクティビズムの原則の一つに関連づけて聞かれる質問です。その原則とは、自由な社会の政府は、物理的強制力を先に行使した者への報復としてのみ、それを行使できるということです。

税を課すことは、先に強制力を行使する行為に当たります。では、自由な国の政府は、適切なサービスの運営に必要なお金をどうやって調達するのですか? というわけです。

契約保護は政府が対価を取るべきサービス

完全に自由な社会では、政府のサービスへの支払いは自発的になります。政府の適正なサービスである警察・軍隊・裁判所は、市民一人ひとりにとって明らかに必要なものです。そして、市民一人ひとりの利益に直接影響します。ですから市民はこうしたサービスに対して、ちょうど保険料を支払うのと同じように、進んで対価を支払うでしょう（そして支払うべきです）。

自発的な支払いに基づく政府資金調達という原則は、どうすれば実現できるでしょうか。この原則を実現する最善の方法を、どう判定すればよいでしょうか。これらは法哲学の領域に属する、非常に複雑な問題です。政治哲学の役割は、この原則の意味を確定することと、この原則が実施可能なことを示すことだけです。具体的な実施方法まで検討するのは、今の段階では時期尚早です。というのも、この原則は完全に自由な社会でしか実現できないからです。ここで完全に自由な社会とは、憲法によって、政府の機能が、必要最小限の適正な機能に限定された社会を言います（政府の適正な機能については十四章を参照してください）。

自発的な支払いによる政府資金の調達には、多くの方法が考えられます。ヨーロッパのいくつかの国で利用されている公営富くじも、その一つです。他にもあります。

一つの例として（あくまで例として）、次の可能性を考えてみてください。政府しか提供できないサービスの中で、決定的に必要とされるものの一つに、市民どうしの契約の保護があります。たとえば、あらかじめ保険料を支払って政府保証をつけた契約だけが、政府に保護される（つまり、法的に有効で強制可能と認められる）というのはどうでしょう。保険料は、契約金額に法定の割合を掛けた額とします。こうした保険は強制的ではなく、選択しなくても法的罰則はなく、口約束で済ますこともでき、保険なしの契約に署名することもできます。その場合はただ契約を法的に保証できず、約束を破られても法廷で争うことができないだけです。

信用取引は、すべて契約です。信用取引とは、商品やサービスの受け取りと支払いのあいだに、時間的な経過がある取引です。複雑な産業社会では、経済的取引の大部分が信用取引です。巨大なネットワークを形成する膨大な信用取引のうち、裁判に持ち込まれるのはごくわずかです。しかしこの巨大なネットワークは、裁判所が存在してはじめて機能します。こうした保護がなくなれば、ネットワーク全体が一夜にして崩壊するでしょう。人々が必要とし、利用し、依存するこうした政府サービスこそ、対価が支払われるべきです。ところが現状では、こうしたサービスは無償で提供されています。つまり、事実上の補助金になっています。

信用取引に関わる富の莫大さを考えると、こうした政府保証のコストがいかに微小で済むか、他の保険よりどれだけ小さいコストになるかがわかります。しかしこの歳入だけで適切な政府のすべての費用を賄うのに十分です（戦時に保険料を上げることもできますが、その場合は戦時の資金需要を明確に定義した上で他の資金調達方法を確立することも可能です）。

以上の案は、この問題へのアプローチのしかたの例として示したに過ぎません。最終的な回答として示したわけでもなければ、今まさに提唱すべきプログラムとして示したわけでもありません。この問題に関しては、解決しなければならない法的・技術的課題が膨大にあります。たとえば、政府が私的契約の内容について指図するのを防ぐような、鉄壁の憲法条項が必要でしょう（これは目下の問題でもあり、より客観的な規定を必要とする問題です）。また、保険料の金額を決める客観的な基準（あるいはセーフガード）が必要でしょう。保険料の金額を、政府の恣意的な決定にゆだねることはできません。

徴税の廃止は改革の最後の一歩

政府の資金調達を自発性に基づかせるプログラムは、自由な社会に至る行程の最初の一歩ではなく、最後の一歩です。最初に提唱すべき改革ではなく、最後に提唱すべき改革です。そうしたプログラムは、自由な社会の基本となる諸原則と諸制度が、すでに確立された状況でしか機能しません。今は機能しないのです。

人々は、自分の契約を保護する保険には進んで支払うでしょう。しかし、カンボジアによる侵攻のリスクに備える保険に進んで支払う人はいないでしょう。ウィスコンシンの合板メーカーやその従業員たちが、自分たちを廃業に追い込むかもしれない日本の合板産業の成長を支援する保険に、進んで支払うこともないでしょう。

自発性に基づく政府資金調達によって適切な政府機能は十分に賄えます。地球全体を無分別に支援するには足りないでしょうが、そんな支援にはどんな税制でも足りず、大国を丸ごと犠牲にしたとしても一時的な支援にしかなりません。

この国の統制や税や「政府債務」の拡大は、一夜で成し遂げられたわけではありません。同じように、自由へのプロセスも一夜で成し遂げられるわけではありません。自由へのプロセスは、かつての奴隷化のプロセスよりはるかに急速に進むでしょう。なぜなら、現実の諸事実が味方するでしょうから。しかし、それでも漸進的なプロセスは必要です。そして、政府の資金調達を自発性に基づかせるプログラムは、遠い将来の目標と見なさなければなりません。

完全に自由な社会を支持する人たちが今知らなければならないのは、この目標の実現を可能にする原則だけです。

自発性に基づく政府資金調達という原則には、次のような前提に基づいています。まず「政府は市民の所得の所有者ではない。だから政府には、市民の所得を意のままにする権利はない」という前提です。そして、「政府がサービスの範囲を恣意的に拡大できないようにしなければならない。そのために、政府の適正なサービスがどのようなものかを憲法で規定し、限定しなければならない」という前提です。ですからこの原則において、政府は市民の支配者ではなく、市民の下僕と見なされます。恵みの施し手、つまり、無料でサービスや物を与える存在ではなく、有償でサービスを提供する業者と見なされます。

政府を恵みの施し手と見なす観念は、納税を義務と見なす観念と共に、政府が市民の上に立つ全能の支配者と見なされていた時代のなごりです。そのような時代には、臣民たちの労働も、所得も、財産も、いのちも、すべて絶対君主の所有物でした。絶対君主は、「恵み」や保護を無償で提供しなければなりませんでした。こうした絶対君主は、自分のサービスの対価を支払われることを恥辱と考えたことでしょう。この考えかたは、こうした絶対君主の精神的な末裔たち（ヨーロッパの昔の封建貴族の残存者たちや、現代の福祉国家主義者たち）の考えかたとそっくりです。彼らはその先祖返り的なメンタリティで、「稼ぎ出された所得、商売による所得は、稼ぎ出されたわけではない所得、物乞いや略奪や寄付や政府の強制力によって得られた所得よりも恥ずかしく、道徳的に劣る」といまだに考えています。

専制君主であれ、「民主的」議会であれ、政府が無料のサービスの提供者と見なされるようになったら、政府がそうしたサービスの領域と無料範囲を広げ始めるのは時間の問題です（今日このプロセスは、「経済における公共部門の拡大」と呼ばれています）。この拡大は、政府が圧力団体どうしの闘争機関になるまで、つまり利益団体どうしが略奪し合う機関になるまで、ならざるを得なくなるまで続きます。

この状況でチェックしなければならない（そして異議を唱えなければならない）前提は、政府のサービスは、市民に無料で提供されるべきだという根深い観念です（正当なサービスの提供も含めてです）。「市民の下僕としての政府」というアメリカ的概念を完全に実現するには、政府を有償の下僕と見なすことが必要です。この認識を基盤にしてはじめて、政府の歳入を政府のサービス提供に直結させるための、適切な仕組みの検討に進めるのです。

貧しい人が負担ゼロで法的・軍事的保護を受けるのは正当

前の例からもわかるように、政府の資金調達を自発性に基づかせた場合、各個人の負担は、一人ひとりの経済活動の規模におのずと比例します。最低の経済水準の人たち（信用取引にほぼ関わらない人たち）は、実質的に負担を免除されながら、軍隊や警察や刑事裁判所が提供する法的保護の利益を享受できるでしょう。このような利益は、経済的能力の高い人たちによって可能になる、経済的能力が低い人たちへのボーナスと見なすことができます。そしてこのボーナスは、前者の人たちを後者の人たちの犠牲にすることなく実現できるのです。

能力の優れた市民が、自国を侵略から守るために防衛力維持のコストを負担することは、すなわち自分たちの利益を守ることになります。こうした費用をごく一部の人たちが負担できないからといって、能力の高い人たちの支出は増えません。軍事費に関する限り、こうしたごく一部の人たちは、経済的には存在しないのと同じことです。同じことは、警察の維持費にも言えます。犯罪者逮捕の費用を有能な人たちが支払わなければならないことは、有能な人たち自身の利益になります。個々の犯罪の被害者が金持ちだろうと、貧乏だろうと、このことは変わりません。

ここで大切なのは、コストを負担しない人たちがただ乗りすることは間接的メリットに過ぎず、コストを負担する人たち自身のメリットと費用負担によるわずかな結果の一つに過ぎないということです。このメリットを直接的なメリットにまで拡大することはできないし、福祉国家主義者たちが主張するように非生産者への直接援助が生産者自身のメリットになるなどと主張することもできません。

両者の違いは、簡単には以下です。たとえば鉄道会社が貧しい人たちに、運行中の列車の空席に無料で着席することを認めるとします。このことは、貧しい人たちに一等車と特別列車を提供することと同じではありません（原理も異なります）。

非犠牲的な援助、社会的ボーナス、無償の補助や恩恵などは自由社会においてのみ可能であり、非犠牲的である限り問題ありません。しかし自由社会における自発的な政府資金調達には、法の抜け穴もなく、「富の再分配」もなく、強制労働や所得強奪の法的可能性もなく、自分自身の存在のためのコストを支払う能力や意欲が欠如した人たちのために、有能な人たちが文明化社会を維持するためのコストを押しつけられて搾取と破壊を強いられるような可能性もなくなるのです。

（一九六四年二月）

第十六章

停滞権神授説

The Divine Right of Stagnation

ナサニエル・ブランデン

どんな生物も成長しなければ生存できません。生きることは運動であり、自己維持活動のプロセスです。自己維持活動を続けない限り、生きものは存在し続けられません。この原理は、植物の単純なエネルギー変換から、人間の長期的で複雑な活動まで等しく当てはまります。生物学的には、不活動は死です。

人間の成長に「これで終わり」はない

どのような運動・成長がどの程度まで可能かは、生物ごとに異なります。植物は、活動も成長も、動物よりずっと狭い範囲でしかできません。動物は、動作も活動も、人間よりずっと狭い範囲でしかできません。動物の各個体の成長する力は、肉体的に成熟するにつれて失われます。成熟を終えた個体は、能力を、つまり、環境に対応する能力を目立って向上させることがありません。これに対して人間が成長する力は、肉体的に成熟しても失われません。それは事実上無限です。理性は、人間を特徴づける能力です。思考は、人間にとって基本的な生存手段です。そして、よりうまく現実に対処する方法を考え出し、学び、見つける能力、自分にできることの範囲を広げていく能力、知的に成長する能力は、人間に無限の発展の可能性を開く扉です。

人間は、動物のように物質的環境に適応することで生き残るわけではありません。生産的な仕事によって、自分の環境を変容させることで生き残ります。

干魃（かんばつ）に襲われると動物は死にますが、人間は灌漑（かんがい）水路を築きます。洪水に襲われると動物は死にますが、人間はダムを築きます。食肉団に襲われると動物は死にますが、人間は合衆国憲法を書きます。

（『新しい知識人たちへ』）

生命が自己維持活動のプロセスならば、これは人間特有の行動と生存のモードです。弛まざる努力と工夫によって、考え、生み出し、生存の課題に向き合うことです。

火を起こして暖を取る方法を発見しても、弓と矢を作る方法を発見しても、人間が思考し努力する必要はなくなりませんでした。隠れ家を、最初は石から、次にはレンガから、次にはガラスと鋼鉄から造る方法を発見しても、人間が思考し努力する必要はなくなりませんでした。期待余命を十九歳から三十歳、四十歳、六十歳、七十歳に伸ばしても、人間が思考し努力する必要はなくなりませんでした。人間が生きている限り、人間が思考し努力する必要はなくなりません。

人間が達成することは、すべてそれ自体が価値です。しかしそれは同時に、より素晴らしい達成と価値への足がかりでもあります。生きるとは、成長です。前進しないことは、後退です。進歩している限りにおいて、生命が生命であり続けるのです。人間が一歩登るごとに、人間にはより幅広い行動と達成の可能性が開かれます。そして、より幅広い行動と達成が必要になります。最終的で永続的な「安定」など存在しません。生存の問題は、思考も行動ももはや必要ない最終的な形では、決して「解決」されません。より正しくは、生存は、絶えざる成長と創造性を要求すると認識することによって解決されます。

それだけではありません。絶えざる成長は、人間にとって心理的ニーズでもあります。それは人間にとって、精神的に健康でいるために不可欠の条件です。人間が精神的に健康でいるためには、自分は現実をコントロールしている、自分の生存をコントロールしているというたしかな感覚が必要です。つまり、自分には生きる力があるという確信が必要です。このような確信を得るために必要なのは、全知でも全能でもありません。自分が現実を扱う方法は正しい、自分が従っている原則は正しいと知っていることです。受動性は、このような状態とは相容れません。自尊心は、一度得れば自動で保たれる価値ではありません。いのち自体を含むあらゆる人間的価値がそうであるように、自尊心は行為によってのみ維持されます。自尊心、つまり自分には生きる力があるという基本的な確信が保たれるのは、自ら成長しているあいだだけです。つまり、自分の能力を高めるというタスクにコミットしているあいだだけです。自然は、生きものに静止を許しません。成長を止めたものは、崩壊に向かいます。物理的にも、精神的にもです。

この点で観察してほしいのは、三十歳までに老け込んでしまう大勢の人たちの現象です。結局この人たちは「もうすっかり考え尽くした」と思い込み、もう弱まっていく過去の努力の勢いに身をゆだねて漂っているのです。そしてこう不思議がっています。自分の炎とエネルギーに、何が起きたのだろう？　なぜ自分は、ぼんやりと不安なのだろう？　なぜ自分の存在が、これほどわびしく貧相に見えるのだろう？　なぜ言葉で言い表せない深淵に、自分が沈んでいくように感じられるのだろう？　と。それでいながら、考える意志を放棄するとき、人は生きる意志を放棄するという事実には、決して気づこうとしないのです。

人間には、成長が必要です。だから人間には、成長を可能にする社会条件、あるいは生存条件が必要です。政治体制や経済体制を評価するときは、この事実を考慮することが決定的に重要です。人は意識して次のように問わなければなりません。「この体制は親ー生命（プロライフ）か？　それとも反ー生命（アンチライフ）か？　人間の生存に不可欠の諸条件に資するか？　それとも反するか？」と。

資本主義は、人間の生存に不可欠の諸条件にも、成長に対する人間のニーズにも、群を抜いて適合する体制です。これが、資本主義の素晴らしい長所です。資本主義の原則は、人々に自由に考えさせ、行動させ、生産させ、まだ試みられていない新しい物事を試みさせます。このため資本主義では、努力し達成することが有利になり、受動的でいることが不利になります。

これは、資本主義が非難される大きな理由でもあります。

私は自著『アイン・ランドとは何者か』で、十九世紀における資本主義への攻撃について次のように論じました。

> 中世賛美者と社会主義者のどちらが書いたものにも、はっきり現れているものがあります。それは、人間の生存が自動的に保証される社会への熱望です。つまり、自分の生存に責任を負う必要がない社会への熱望です。どちらの陣営も、自分たちの理想の社会をいわゆる「調和」によって描いています。彼らが言う「調和」とは、急激な変化や挑戦がなく、競争の厳しさもないことです。彼らが理想とする社会は、全体の福祉に貢献するために、各人が決められた役割を果たすことを義務づけられているものの、自分の生活や将来に重大な影響を及ぼす選択や決断を迫られることは、決してない社会です。各人がどの程度貢献したかが問題にならず、何かに値する人物かも問題にならない社会です。つまり、報酬と業績が関係しない社会です。自分の失敗の結果を引き受ける必要がないことが、誰かの慈悲心のおかげで保証される社会です。資本主義は、このような牧羊的(ぼくようてき)世界観とでも言うべきものに適合しません。これが、自由社会に対する中世主義者と社会主義者の非難のエッセンスです。資本主義が人間に提供するのは、エデンの園ではありません。

「牧羊的」世界に憧れる人々の主張の根底には、一つの教義があります。この教義の中心を成すのは、明示的な言葉に翻訳すれば停滞権神授説とでも言うべきものです。

成長が不要な社会を夢見る者たちの動機

この教義がよくわかるエピソードを一つ紹介します。以前私は、ある労働組合の幹部と飛行機で隣り合わせになり、会話したことがあります。彼は機械化による大惨事を非難し始め、こう断言しました。新しい機械の導入で、永久に職を失う労働者が今後何千人と発生し続ける。これに対して「何かがなされなければならない」と。私はこう答えました。「それは、幾度となく論破されている神話です。新しい機械の導入は、生活水準の全般的な向上につながるだけではありません。労働需要を常に増大させます。これは理論的に証明できるだけでなく、歴史的にも観察できることです。労働機械化は、未熟練労働への需要以上に、熟練労働への需要を増大させます。もちろん、多くの労働者は新しいスキルを身につけなければならなくなりますが」と。彼は憤慨してこう尋ねました。「だが、新しいスキルを学びたくない労働者はどうするんだね？　なぜ彼らが困らなければならないんだね？」

つまりは、こういうことです。創造的な人たちが持っている志や、先見の明や、物事を絶えず改善していく意欲や、生きるエネルギーは、押し潰されなければならない。すでに「十分考え」「十分学んだ」人たちのために。つまり、将来に関心を持つことを望まず、「自分の働き口は何に依存しているのか?」という面倒な疑問に頭を悩ませることも望まない人たちのために。

無人島で一人ぼっちになりながら、つまり自分の生存の責任をすべて一人で引き受けなければならない状況で、「明日のことなど考える必要はない」「昨日までの知識やスキルに頼り続けて大丈夫」「自然は自分に『安全』を保証する責任がある」などと幻想できる人はいません。社会でのみ、人はそのような幻想にひたることができます。社会では、義務を履行しなかった人の負担を、義務を履行した人に押しつけることができるからです(だからこそ、そこでは利他主義の道徳が必要不可欠になるのです。このような寄生にお墨付きを与えるためです)。

同じ種類の仕事をしている人には、働きぶりにも成果にも関係なく、一律に同じ給料を支払うべきだ、という主張。つまり、劣った仕事をする人を優遇し、優れた仕事をする人にペナルティを課すべきだ、という主張。これこそが停滞権神授説です。

人は業績ではなく年功序列で仕事を保証され、昇進すべきだ、つまり才能ある新人よりも凡庸な「身内」を優遇し、新人の将来と潜在的雇用主の利益を犠牲にすべきだという考えかた、これこそが停滞権神授説です。

加入希望者を勝手に排除できる特定の組合と取引することを雇用主に義務づけ、それによって父子相伝の仕事の権益をおびやかす新規参入者を阻み、中世のギルドのようにその職業領域全体の発展を妨げようとする考えかた、これこそ停滞権神授説です。

無用になった仕事に就いている人たちを解雇せず、彼らが新しい仕事のための訓練に苦労しないように無駄な作業をさせ続け、それによって、鉄道会社のように、産業全体の実質的な崩壊を促進するという考えかた、これこそが停滞権神授説です。

大手チェーンストアが参入するために、昔ながらの街の食料雑貨店が倒産に追い込まれるという「理不尽」を証拠に資本主義を糾弾する、つまり古い食料雑貨店の意欲やスキルによる制限を守るために顧客やチェーンストアオーナーの経済的発展を犠牲にすべきだという考えかた、これこそが停滞権神授説です。

独占禁止法の下で下された、成功した企業は特許権を持たず、潜在的な競合他社に無償で特許を使わせなければならない（ゼネラル・エレクトリック、一九四八年）という判決、これこそが停滞権神授説です。

企業に先見の明があったことを罰する法廷、つまり将来需要を予期して生産能力を拡大し、将来の競合他社を潜在的に「妨害」したという罪で事業体を罰した判決（アルコア判決、一九四五年）、これこそが成長を法的に罰する、有能さを有能さのゆえに罰する、停滞権神授説の剝き出しの本質であり、目標です。

資本主義はその性質として、常に動き、成長し、進歩するものです。資本主義は、自然の課題に立ち向かう人間が最もよく生きられるための最適な社会環境を作り出します。持ち前の能力で積極的に生産プロセスに関わろうとするすべての人たちを助けます。しかし停滞の要求に応えるようにはできていません。現実がそうなっていないのと同じです。

資本主義を妨害するさまざまな統制があったにもかかわらず、資本主義が現実に達成した目覚ましい成功と、空前の繁栄を考えてみてください。そして、あらゆるバリエーションの集団主義が行き着いた、心ふさがせる失敗を考えてみてください。そうすれば、資本主義に敵対する者たちの根本的な動機が、経済的なものではないことは明らかなはずです。彼らの動機は、もっと形而上学的なものです。つまり彼らの動機は、人間的な生存のありかたへの反逆なのです。生きることは自活的で自発的な活動のプロセスであるという事実への反逆なのです。そして、このような生命の本来的性質に憤慨しない人たちの首に縄をつけられれば、憤慨する人たちにとって悪くない世界を実現できるだろう、という夢なのです。

（一九六三年八月）

第十七章

レイシズム

Racism

アイン・ランド

レイシズムは、最も粗雑で原始的な形を取った、最低の集団主義です。それは「個人の道徳的・社会的・政治的地位は、本人の遺伝的系統で決まる」「個人の知的特性や性格学的特徴は、本人の肉体の化学組成によって発生し、遺伝する」という考えかたです。つまり事実上、個人を本人の人格や行動によってではなく、祖先の集団の人格や行動によって判断する考えかたです。

民族の業績など存在しない

レイシズムが主張するのは、人の頭脳（認知器官ではなく頭脳の中身）は遺伝するもので、人の信条・価値観・人格は生まれる前から肉体的要素によって決定済みであり、本人が制御できない、ということです。これはあまりにも素朴な生得観念または知識遺伝の理論であり、完膚なきまで哲学と科学によって論破されています。レイシズムは、野獣の・野獣による・野獣のための教義です。

家畜の品種の違いは見分けられても、家畜と人間の違いはわからない精神性にふさわしい、家畜小屋版の集団主義です。

あらゆる決定論がそうであるように、レイシズムは、人間固有の属性（人間を他のすべての生物種から区別する属性）を無効と見なします。その属性とは、思考能力です。レイシズムは、人間が生きることの二つの面を否認します。その二つとは、理性と選択です。つまり、頭脳と道徳性です。そしてこれらを、化学的宿命に置き換えるのです。

まるで人の道徳的地位が他人の行動で損なわれ得るかのように、「家名に傷がつかないように」と役立たずの親族を扶養したり、そうした親族の犯罪をもみ消したりする名門一家。まるで凡庸な自分に他人の業績が乗り移り得るかのように、自分の曽祖父が企業帝国を築き上げたことを自慢する飲んだくれや、母方の大叔父がかつて上院議員で三番目の従兄弟がカーネギーホールでコンサートを開いたことを自慢する田舎町のオールドミス。義理の息子になるかもしれない人物を査定しようと、家系図をたどる親たち。自伝の冒頭で、自分の一族の系譜を事細かに説明する著名人。これらは、すべてレイシズムの見本です。先史時代の野蛮人どうしの闘いや、ナチスドイツの大量虐殺や、今日のいわゆる「新興諸国」における残虐行為にその完全な姿を現している原則の、先祖返り的な発現です。

「良い血統か、悪い血統か」を道徳的・知的基準と見なす理論が行き着く先は、本当の血の雨だけです。自分自身を無思考な化学物質の集合と見なす者たちに開かれた行動手段は、暴力だけです。

現代のレイシストたちは、特定の人種[訳注1]の優秀さや低劣さを、その人種の一部の人たちの歴史的業績で証明しようとします。存命中は同胞から愚弄され、非難され、妨害され、迫害されていた偉大なイノベーターが、死後数年経つと国立記念館に祀られ、ドイツ人（またはフランス人またはイタリア人またはカンボジア人）の偉大さの証明としてたたえられるという、あの歴史上何度となくくり返される不条理をくり広げているのが、レイシストたちです。あれは集団主義に基づくおぞましい押収です。あの集団主義的押収のおぞましさは、共産主義者による物質的富の押収の中でも最悪の部類に匹敵します。

集団の頭脳や、人種の頭脳などというものは存在しません。同じように、集団の業績や、人種の業績などというものは存在しません。個人の頭脳や、個人の業績があるだけです。そして文化は、均質化された大衆による匿名の作品ではなく、個々人の知的業績の集合です。

もし仮に特定の人種の中に、潜在的に優れた頭脳の持ち主が多いということが証明されたとしても（証明などされていませんが）、それによって誰か特定の個人について言えることは何もないし、その個人の評価につながることもいっさいありません。同じ人種の馬鹿が何人いようと、天才は天才です。同じ人種的系統の天才が何人いようと、馬鹿は馬鹿です。黒人は野獣どもを「生み出した」のだから劣等人種として扱うのが当然だ、という南部のレイシストたちの主張と、自分の人種はゲーテ、シラー、ブラームスを「生み出した」のだから他の人種より優位に立つのが当然だ、というドイツの野獣の主張の、どちらがよりひどい不正義かは簡単には言えません。

当然ながら、この二つは別々の主張ではありません。同じ穴のムジナです。特定の人種を優れていると主張するか、それとも劣っていると主張するかは関係ありません。レイシズムの心理的な根は一つしかありません。レイシスト自身の劣等感です。

他のすべての集団主義と同様、レイシズムもまた自分が稼ぎ出していないものを追い求めているのです。何もせずにひとりでに知識を得て、ひとりでに他者の人格を評価し、合理的・倫理的判断を省いて、ひとりでに自尊心（偽の自尊心）を追い求めています。

自分の美徳の根拠を自分の人種に求める者は、美徳がどのようなプロセスで獲得されるかについて何も知らないことを告白しています。そしてたいていは、自分自身が美徳を獲得できなかったことを告白しています。レイシストたちの圧倒的多数は、個人としてのアイデンティティの感覚を稼ぎ獲れなかった者たちです。自分のものと言えるような業績や卓越性がない者たちであり、別の人種の劣等性を主張することで「人種の自尊心」という幻想を獲得しようとする者たちです。南部のレイシストたちのヒステリックな熱狂ぶりを見てください。同じ白人の中でも、貧困層のほうが知識層よりはるかにレイシズムが行き渡っていることにも注目してください。

訳注1　ランドはraceという語を日本語の「人種」よりも広い（民族や親族まで含む）意味で使っているが、ここではすべて「人種」と訳す。

資本主義がレイシズムを解消に向かわせた

歴史的に、レイシズムの盛衰は常に集団主義の盛衰と軌を一にしてきました。「個人に権利はない」「個人の人生と働きは、集団のものだ」「集団は、集団の利益のために個人を意のままに犠牲にできる」というのが、集団主義の考えかたです。このような教義は、暴力によってしか実現できません。そして集団主義の政治的帰結は、常に国家主義でした。

絶対主義国家は、制度化されたギャング団支配でしかありません。単にどのギャングが権力を握るかだけの違いです。そして、そういう支配には合理的正当化がなく、これまでもこれからも正当化などできはしないので、レイシズムの神秘はあらゆる種類の絶対主義国家にとって不可欠の要素です。絶対主義国家とレイシズムは互いを助長し合うものです。先史時代の部族間闘争において、自分の部族の天敵は別の部族だという観念から国家主義が生まれ、独自の差別的分類を作り出し、人の出生によって貴族や農奴などの身分が決定されるカースト制度が生まれたのです。

ナチスドイツで、自分がアーリア人の血統であることを証明するために何世代も遡る調査票の記入を求められたのと同じように、ソ連でも祖先が財産を所有していないプロレタリアートの血統であることを示す調査票の記入を求められました。ソ連のイデオロギーは、人間が遺伝的に共産主義に条件づけられるという観念に依拠しています。つまり、数世代にわたって独裁政権に条件づけられると、やがて人は生まれながらにして共産主義者のイデオロギーを継承することになるというものです。ソ連における少数民族迫害は公然の事実であり、そのときの政治委員の人種と気まぐれによって実行されています。特に反ユダヤ主義は蔓延しており、政治的粛清の名において公然と虐殺が行われています。

レイシズムの解毒剤は一つしかありません。それは個人主義の哲学であり、その政治的・経済的帰結である自由放任資本主義です。

個人主義は、人は誰でも合理的な存在としての性質から生じる不可侵の生命権を持つ、独立した主権者であると見なします。文明社会も、人間どうしのあらゆる形の連携も、協力も、平和的共存も、個人の権利の承認を基盤としてのみ実現できると個人主義では考えます。そして集団自体にはどんな権利もなく、成員一人ひとりの個人としての権利だけがあると考えます（十二章および十三章を参照してください）。

自由な市場で評価されるのは、本人の祖先でも、親類でも、遺伝子でも、肉体の化学組成でもありません。評価される特性はただ一つ、生産的能力だけです。資本主義では、人は個人としての能力と志で判断され、個人としての能力と志に応じて報われます。

どんな政治制度においても、法や力によって普遍的な合理性をもたらすことはできません。しかし資本主義だけが、合理性に報い、レイシズムを含むあらゆる非合理性を罰するように機能するのです。

完全に自由な資本主義の体制は、まだどこにも存在したことがありません。しかし十九世紀の準自由経済諸国を見れば、レイシズムと政治的統制の相関は歴然としています。ある国における人種的・宗教的少数派への迫害の強さは、その国の自由度に反比例していました。レイシズムは、ソ連やドイツのように経済への統制が強い国々で最も強く、当時ヨーロッパで最も自由な国だったイギリスで最も弱かったのです。

自由と合理的生活様式への最初の足がかりを人類に与えたのは、資本主義です。国や人種の障壁を自由貿易という手段で打ち破ったのは、資本主義です。農奴制と奴隷制度を世界中のすべての文明国で廃止させたのは、資本主義です。アメリカ合衆国で封建的な南部農業諸州の奴隷制度を滅ぼしたのは、資本主義の北部諸州です。

わずか百五十年程度しか続かなかったとはいえ、これが人類の趨勢だったのです。この趨勢によって実現した多くの目覚ましい偉業を、ここでわざわざくり返すことはしません。

集団主義の台頭で、この趨勢は逆転しました。

人類が再び集団に優位を与え、道徳的権威と無限の力を与え、個人に権利などない、集団を離れた個人には何の重要性もないという教義に染まり始めると、必然的に自衛や困惑や意識下の恐怖によって何らかの集団に身を寄せることになったのです。そのときに、特に知性の低い人たちにとって、帰属感や一体感を抱くことのできる、最も単純で安易に身を寄せられる集団が、人種だったのです。

集団主義のイデオローグたち、「慈悲深い」専制国家を提唱する「人道主義者」たちが、二十世紀にもなってレイシズムを復活させ、ウイルスのように拡散させることになったのは、こうしたわけだったのです。

偉大なる資本主義時代のアメリカ合衆国は、地球上で最も自由な国であり、レイシストたちの理論に対する最高の反証でした。この国には、あらゆる人種の人たちが来ました。文化的に傑出したところのない無名の国からこの国に来て、統制でがんじがらめになった故国では埋もれる他なかっただろう高い生産的能力を発揮し、偉業を成し遂げた人たちもいました。何世紀にもわたって虐殺し合ってきた人種どうしが、平和的・協調的に共生できるようになりました。アメリカは「るつぼ」と呼ばれていましたが、これには十分な理由があったのです。しかし、アメリカは人々を灰色の単一集団に溶かし込むわけではなく、各人の個性に対する権利を保護することによって、人々を結びつけるということを理解していた人はまれでした。

アメリカ合衆国におけるこのような人種的偏見の犠牲者の最たるものが黒人でした。非資本主義的だった南部に発祥し、北部にも伝播して継続された黒人差別は、今も昔も恥ずべき汚点です。しかし、南部以外では、人が自由である限り、啓蒙と白人自身の経済利益の圧力によって、この問題ですら少しずつ解消に向かっていたのです。

今日ではこの問題だけでなく、あらゆる形のレイシズムが悪化し続けています。集団主義と国家主義の台頭によって、アメリカ合衆国は、十九世紀ヨーロッパの最も遅れた国々の最悪の時代を思い起こさせるほど人種意識の強い国になりました。

人種的平等のスローガンを「リベラル」たちが過去数十年にわたって触れ回ってきたにもかかわらず、国勢調査局は近ごろ「白人と比較した黒人の経済的地位は、二十年近く改善していない」と報告しています。この国の「混合経済」が比較的自由だった時代、黒人の経済的地位は改善し続けていました。それが「リベラル」たちの「福祉国家」の拡大と共に悪化したのです。

「混合経済」におけるレイシズムの台頭は、政府の統制の強化と歩調を合わせます。政府規制が拡大するほど「混合経済」におけるレイシズムは拡大していきます。混合経済によって国は分断され、制度化された内戦に陥り、圧力団体が合法的特権を奪い合うになります。

今日では、そういう圧力団体とロビー活動の存在が公然かつ冷笑的に認められています。政治哲学や原理原則、理想や長期目標があるふりすらしなくなってきています。今やアメリカ合衆国は行き場をなくし、さまざまな国家主義の暴力集団が、刹那的に有利な法制の特典を獲得しようと相争う、盲目で短期的なパワーゲームの犠牲になっていることが歴然としています。

どの経済団体にもまったく一貫した政治哲学がなく、目の前の特権を獲得するために自らの将来を売り渡すような自滅行為に陥っています。この点では、かつては事業家たちが最も自滅的でしたが、最近の黒人運動の指導者たちはそれを上回る自滅行為に陥っています。

個人の権利の否定に向かう反レイシズム運動

黒人指導者たちが政府による差別と闘っていたとき、権利と正義と道徳性は彼らの側にありました。しかしもはや彼らが闘っているのは、政府による差別ではありません。レイシズムをめぐる混乱と矛盾は、今や信じがたいクライマックスに達しています。

原理原則を明らかにすべきときが来ています。

南部諸州の対黒人政策は、この国の基本原則における恥ずべき矛盾でした。法律で強制された人種差別は、個人の権利の侵害です。これは弁解の余地がないほど明白なことです。南部の人種差別的な法令の数々は、もっと早い段階で違憲を宣告されるべきでした。

南部のレイシストたちが主張する「州の権利」は、言葉の矛盾です。一部の人たちが別の一部の人たちの権利を侵害する「権利」など、あり得ません。憲法上の概念としての「州の権利」は、国当局と地方当局のあいだの権力配分に関わる概念であり、州を連邦政府から保護するための概念です。州の市民に対する無制限の専横的権力を、州政府に与える概念ではありません。市民の個人としての権利を停止する特権を、州政府に与える概念でもありません。

連邦政府が人種問題を利用して権力を拡大し、不要かつ違憲な方法で、州政府の正当な権利を踏みにじる先例を作ってきたのは間違いありません。しかし、それは連邦政府も州政府も間違っていたというだけのことです。南部のレイシストの政策を許容する理由にはなりません。

この文脈における最悪の矛盾の一つは、自由・資本主義・財産権・憲法の擁護者を名乗りながら、同時にレイシズムを擁護する多くの「保守」たちの態度です（南部の「保守」だけに限りません）。彼らは原理原則への関心が欠如するあまり、自分で自分の足場を掘り崩していることにも気づけないようです。個人の権利を否認する者には、どんな権利を主張・擁護する資格もありません。あのような資本主義の自称擁護者たちこそが、資本主義の信用を傷つけ、資本主義を破壊しているのです。

「リベラル」も同じ矛盾を露呈していますが、その形態が異なります。リベラル派の人たちは、個人の権利をすべて無制限の多数派支配の犠牲にすると同時に、少数派の権利の擁護者を装っているのです。しかし、地上で最小の少数派は個人です。個人の権利を否定しながら少数派の擁護者を名乗ることなど不可能です。

このように蓄積されてきた矛盾、近視眼的なプラグマティズム、原理原則に対する冷笑と軽蔑、そして途方もない不合理が頂点に達したのが、黒人指導者たちの新しい要求です。

黒人指導者たちは、人種差別と闘うのではなく、人種差別の合法化と強制を要求しています。レイシズムと闘うのではなく、人種クオータ制の確立を要求しています。社会的・経済的な問題で肌の色が無視されることを要求されるのではなく、肌の色を無視することは悪であり、肌の色こそ第一に考慮されなければならないと宣言しています。平等な権利を求めて闘うのではなく、特定の人種だけの特権を要求しています。

彼らは、雇用における人種クオータ制の確立を要求しています。仕事は人種に基づいて、つまり地域の人口に占める各人種の割合に比例して配分されなければならない、と主張しています。たとえば、ニューヨーク市では黒人が人口の二十五パーセントを占めるので、各施設の雇用の二十五パーセントを黒人に割り振れというわけです。

人種に基づくクオータ制は、レイシスト政権が犯す悪行の中でも最悪のものの一つです。帝政ロシアの大学の学生数にも、ロシアの主要都市の住民数にも、そのようなクオータ制がありました。この国でも、一部の学校がひそかに人種クオータ制を敷いていることが、レイシズム政策の一つとして非難されています。求人応募者への質問用紙から人種や宗教の項目が消えたことは、正義の勝利と見なされていました。

今日では抑圧者ではなく、抑圧される少数派の団体が人種クオータ制の確立を要求しています。「リベラル」にとってさえ、この要求はやりすぎでした。「リベラル」の多くがこの要求に衝撃を受け、憤りをもって非難したのは正当でした。

「ニューヨーク・タイムズ」紙（一九六三年七月二十三日）はこう書いています。「デモによる『数のゲーム』に興じる彼らは、真に邪悪な原則に従っている。雇用の二十五パーセント（であれ他の割合であれ）を黒人（であれ他のグループであれ）に割り当てよという要求は、一つの根本的な理由で誤っている。『クオータ制』は差別そのものであるという理由だ。（……）本紙は裁判官の任命における宗教クオータ制と長きにわたり闘ってきた。われわれは、社会的地位の高低を問わず、あらゆる職における人種クオータ制に等しく反対する」

これほどレイシズムがあからさまな要求をしてもまだ足りないかのように、さらに踏み込んだ要求をする黒人指導者もいます。全国都市同盟のエグゼクティブ・ディレクター、ホイットニー・

M・ヤング・ジュニアは次のように述べています（「ニューヨーク・タイムズ」八月一日）。
「白人指導層は、正直に認めなければならない。この国には、歴史上常に有利な扱いを受ける特権階級が存在していたのだと。その階級とは白人だ。今やわれわれはこう主張する。ある職の資格を同等に満たす二人の求職者がいて、一人が黒人、もう一人が白人だった場合は、黒人を雇えと」

この発言がどのような含意を持つか考えてみてください。この発言は、人種を根拠にした特権を要求しているだけではありません。白人を祖先の罪ゆえに不利に扱うことも要求しているのです。一人の白人労働者が求人に応募してきたとき、祖父が人種差別をしたかもしれないという理由で、雇うのをやめることを要求しているのです。しかし、この白人労働者の祖父は人種差別をしていなかった可能性もあります。あるいは、この国に住んでいなかった可能性もあります。こうした疑問を考慮しないということは、この白人労働者に人種としての集団的な罪を負わせるということです。本人の肌の色のみで成立する罪を負わせるということです。

しかしこれは、黒人が個人として行ったあらゆる犯罪を理由に、黒人全員に人種としての集団的な罪を負わせ、祖先が奴隷だったことを根拠に黒人全員を劣った者として扱う、南部の最悪のレイシストたちが従っている原則そのものです。

この種の要求に対しては、「どんな権利で？ どんな規範で？ どんな基準で？」以外に言うべきことがありません。

あの愚かしいまでに邪悪な方針は、黒人たちの闘いの道徳的基盤を破壊しています。彼らの申し立てを根拠づけるのは、個人の権利の原則です。彼らが他の人たちの権利の侵害を要求すれば、自分たち自身の権利を否定し喪失することになります。同じことが、南部のレイシストたちにも当てはまります。一部の人たちが別の一部の人たちの権利を侵害する「権利」など、存在し得ません。

しかし黒人指導者たちの方針は、全体的にこの方向に向かっています。たとえば彼らは、人種クオータ制を学校にも要求しています。白人も黒人も含む数百人という子供たちを、「人種バランス」是正のために、遠方の学校に通わせることを提案しています。くり返しますが、これは純然たるレイシズムです。反対派がすでに指摘しているように、人種を理由に子供たちを特定の学校に割り振るのは、その目的が隔離であれ統合であれ、等しく悪です。子供を政治ゲームの駒に使うという発想自体が、人種や宗派の違いを超えて、すべての親を憤慨させるはずです。

主義を法律で禁じることはできない

今議会で検討されている「公民権」法も、個人の権利の甚だしい侵害の例です。政府の施設・機関におけるいっさいの差別を禁じることは、適切です。政府には、どんな市民を不利に扱う権利もありません。そしてこれとまったく同じ原則により、政府には、一部の市民に費用を負担させて、私別の一部の市民を有利に扱う権利もありません。私有施設における差別を禁じることによって、私有財産に対する権利を侵害する権利は、政府にはないのです。

黒人だろうと白人だろうと、他人の財産に対する権利は誰にもありません。私人としての個人から取引を拒否されたからといって、取引を拒否された個人の権利が侵害されるわけではありません。レイシズムは邪悪で不合理で、道徳的に軽蔑すべき主義です。しかし、主義は法律で禁じたり命じたりできるものではありません。共産主義は邪悪な主義ですが、私たちは共産主義者の言論の自由を守らなければなりません。同じように、レイシストが自分の財産を使用し処分する権利も、私たちは守らなければならないのです。私人のレイシズムは、法的問題ではなく道徳問題です。私人のレイシズムに対しては、経済的ボイコットや交際からの排斥といった、私的手段でのみ闘わなければなりません。

言うまでもなく「公民権」法は、もし成立すれば、この問題に関わるアメリカ合衆国の嘆かわしい歴史の中でも最悪の財産権侵害になるでしょう。[*1]

個人の権利の保護を最も切実に必要としている黒人たちが、今や個人の権利の破壊の尖兵になっているのは皮肉です。今の時代における哲学的錯乱と、その結果としての自滅的潮流が、見事に顕在化した現象です。

一つ警告しておきます。レイシズムに屈することで、同じレイシストたちの餌食にならないように。一部の黒人指導者たちの不名誉な非合理性を、黒人全員に押しつけないように。適切な知的指導者や代表者を持てているグループは、今はどこにも存在しないのです。

結びに、「ニューヨーク・タイムズ」八月四日号の驚くべき社説から引用します。このような知見が披露されるのは現代では珍しいことです。

「ここで問題は人種や民族や文化によって特定される集団が権利を持つかどうかではありません。問題は、アメリカ人個人が、その人種や民族や文化に関係なく、アメリカ人として権利を奪われているかどうかです。もしアメリカ合衆国憲法と法律のもとに保証されるすべての権利を個人が保証されているなら、集団や群衆について何の心配も要らないのです。集団や群衆などは言葉の綾として以外に存在しないのだから」

（一九六三年九月）

＊1　この法案は財産権の侵害になる部分も含めて一九六四年に議会を通過した。

第十八章

似非（えせ）個人主義

Counterfeit Individualism

ナサニエル・ブランデン

個人主義の理論は、オブジェクティビズム哲学の中心的な要素です。個人主義は、倫理－政治的な概念であると同時に、倫理－心理的な概念でもあります。倫理－政治的概念としての個人主義は、個人の権利の至高性を主張します。つまり、人は各人自身が目的なのであり、他人の目的に奉仕する手段ではないという原則を主張します。倫理－心理的概念としての個人主義は、人は自分の力で考え判断しなければならない。つまり自分の知性の主権を、どんな権威の下にも位置づけてはならないと主張します。

個人主義は「個人主義者」によっても歪められる

個人主義の哲学的基礎と実証は、アイン・ランドが『肩をすくめるアトラス』で示したように、人が人らしく合理的存在として生きるためには、個人主義が客観的な一要件になるということです。個人の生命を価値基準とする道徳律に個人主義は含まれ、必要とされるのです。

個人主義を主張すること自体は、新しいことではありません。オブジェクティビズムの新しさは、二つあります。一つは、個人主義の正当性を理論的に根拠づけたことです。もう一つは、個人主義の一貫性ある実践のありかたを定義したことです。

倫理－政治的な意味での個人主義は、他人の権利などかまわず、自分がやりたいことをやることだと解釈されることがよくあります。このような解釈の根拠として、ニーチェやマックス・シュティルナーの文言が引用されることもあります。個人主義はそのようなものだと、つまり「犠牲になることを拒む者は、他人を犠牲にしようとするのだ」と人々に信じさせることは、利他主義者・集団主義者にとって、なりふりかまわず守らなければならない既得権益になっています。

この解釈が矛盾し、間違っていることは明らかです。個人主義を倫理原則として正当化する唯一の合理的基礎は、人が人として生存することにあるのですから、人が別の人の権利を奪う倫理的権利など要求しようがありません。もし他者の権利を否定するなら、自分の権利も否定されることになります。人の権利のそもそもの基礎を否定してしまうことになるのですから。矛盾する権利を倫理的に要求することなど誰にもできないのです。

個人主義は、人は集団のために生きなければならない、という信念の単なる否認ではありません。自分のいのちを自分の思考と努力で支える責任からのがれようとする人は、個人主義者ではありません。他人を征服・支配・搾取することで生き延びたいと願う人は、個人主義者ではありません。個人主義者とは、自分自身のために、かつ自分自身の頭脳によって生きる人です。個人主義者は、自分を他人の犠牲にすることも、他人を自分の犠牲にすることもありません。個人主義者は、略奪者としてではなく、商人として他人と取引します。アッティラとしてではなく、生産者として他人と取引します。

この違い、つまり商人と略奪者の違い、生産者とアッティラの違いこそ、利他主義者・集団主義者が人々に見失わせたがっていることです。

倫理－政治的な文脈での個人主義の意味は、主にその反対者を自認する人たちによって歪められ、貶められてきました。これに対して、倫理－心理的な文脈での個人主義の意味は、主にその支持者を自称する人たち、つまり独立した判断と主観的な気まぐれの違いを消し去りたい人たちによって歪められ、貶められてきました。彼らは個人主義を、独立した思考ではなく、「独立した気分」と同じに見ています。彼らは「個人主義者」と呼ばれますが、実際には個人主義者ではありません。「独立した気分」など存在しません。存在するのは、独立した思考だけです。

寄生者は個人主義者ではない

個人主義者とは、何よりもまず理性の人です。人のいのちは、本人の考える力に、つまり合理的な推論能力に依存します。合理性は、独立・自存の前提条件です。独立しておらず、自存してもいない「個人主義者」など、言葉の矛盾です。個人主義と独立は、論理的に不可分なのです。個人主的に事実本位なのです。

義者にとって独立の基礎になるのは、自分の頭脳への忠誠です。現実の事実についての自分の知覚・理解・判断を、他人の立証されていない主張の犠牲にすることを、個人主義者は拒絶します。これこそが知的独立の意味であり、個人主義者のエッセンスです。個人主義者は、冷徹かつ非妥協的に事実本位なのです。

人間は生きるために知識を必要とし、知識は理性によってのみ獲得できます。思考と理性の責任を拒む者は、他人の思考に寄生する者としてしか生きることができません。寄生者は、個人主義者ではありません。非合理主義者も、個人主義者ではありません。知識と客観性を、自分の自由への「制約」と見なす気まぐれ崇拝者も、個人主義者ではありません。個人的な気分に従って行動する刹那的快楽主義者も、個人主義者ではありません。非合理主義者が追求する「独立」とは、現実からの独立です。「法則も、2×2が4になることも、とにかく俺が気に入らないなら何を気にする必要がある?」とうそぶく、ドストエフスキーの地下生活者のような「独立」です。

非合理主義者にとって、生きることとは、自分の気まぐれと他人の気まぐれの衝突に過ぎません。客観的現実という概念は、このような人物には何の現実性もありません。

反逆していることも、慣習にとらわれていないことも、それ自体では個人主義の証明になりません。個人主義は、集団主義の単なる拒否ではないように、順応の単なる欠如でもありません。順応主義者とは、「他人が信じるのだから、正しい」と断言する人です。しかし個人主義者とは、「私が信じるのだから、正しい」と断言する人ではありません。個人主義者は、「合理的に考えてそれが正しいとわかるので、私はそれを信じる」と断言するのです。

『水源』に、これに関連して思い出す価値がある場面があります。集団主義者であるエルスワース・トゥーイーの生い立ちと経歴についての章で、トゥーイーが組織したさまざまなグループの作家や芸術家が描かれる場面です。[訳注1]「(……)著書で大文字を使わない女性。コンマを使わない男性。(……)韻律を無視した詩を書く者。(……)キャンバスを使わず、鳥籠とメトロノームで何かをする少年。(……)エルスワース・トゥーイーは、数名の友人から一貫性が欠如しているのではないかと指摘されたことがあった。個人主義に徹底的に反対していながら、自分が集めた作家や芸術家は、一人残らず過激なまでの個人主義者ではないか、と彼らは言うのだった。トゥーイーはおだやかに微笑みながらこう言った。『本当にそう思うのですか?』」

トゥーイーにわかっていたこと、そしてオブジェクティビズムを学ぶ人なら知っておいたほうがいいことは、「現実の暴虐」に反逆する主観主義者たちは、彼らが軽蔑する最もありふれた俗物よりももっと依存が強く情けないほど寄生的だという事実です。彼らは何ひとつ独創しません。何ひとつ作り出しません。彼らは根本的に無私です。自我を持たない彼らは、自我の欠落を、彼らが唯一認識している「自己主張」の形、つまり反抗のための反抗、不合理のための不合理、破壊のための破壊、気まぐれのための気まぐれによって埋めようともがいているのです。

精神異常者が「順応的だ」と非難されることは、まずあり得ません。だからといって、精神異常者や主観主義者が個人主義の唱導者と見なされることもありません。

倫理－政治的な概念としての個人主義であれ、倫理－心理的な概念としての個人主義であれ、個人主義の意味を穢そうとする試みには、共通点があります。それらはすべて、個人主義を理性から切り離そうとする試みなのです。しかし個人主義の原則は、「理性」そして「合理的存在としての人間にとってのニーズ」という文脈でしか、正当化できません。この文脈から外れれば、「個人主義」のあらゆる擁護が、集団主義の擁護と同じくらい無根拠で、不合理なものになります。

だからこそオブジェクティビズムでは、個人主義を主観主義と同列に扱おうとするどんな「個人主義者」も、全面的に否認されるのです。

そして、だからこそオブジェクティビズムでは、「私がそう思うから正しい」「私が欲しいからいいことだ」「私が信じるから真実だ」と言い張る似非個人主義とオブジェクティビズムのあいだに何らかの妥協や歩み寄りや和解が可能だと考える自称オブジェクティビストを全面的に拒絶するのです。

（一九六二年四月）

訳注1　『水源』は、個人主義を貫く若い天才建築家を主人公にしたランドの長編ロマンス小説。エルスワース・トゥーイーは、個人主義を罪悪視するイデオロギーで人々を支配しようと目論む言論人。

第十九章

恫喝論法

The Argument from Intimidation

アイン・ランド

議論の出鼻を挫き、議論してもいない見解への同意を相手から奪うタイプの論法があります。それは心理的に圧力をかけることで論理をすっ飛ばす論法で、論法とは言えないような論法です。今日の文化には、このタイプの論法がはびこっています。ですからこのタイプの論法に気づいて、自衛できるようにしておきましょう。

「馬鹿には見えない服」で議論に勝とうとする者たち

この論法は人格攻撃〔*ad hominem*〕の誤謬と似た部分があり、どちらも心理的な根は同じです。しかしこの二つは、本質において意味が異なります。ある主張をしている人物の人格を非難することで、その主張への反論を試みるのが人格攻撃の誤謬です。たとえば、「候補者Xは不道徳だ。したがって候補者Xの主張は誤りだ」という論法がそうです。

これに対して心理的に圧力をかける論法では、「相手の主張を根拠に相手の人格を疑う」と脅すことによって、相手の主張を議論抜きに非難します。たとえば、「候補者Xの主張が誤りであることに気づけないのは、不道徳な人間だけだ」という論法がそうです。

最初のケースでは、候補者Xの主張が誤りであることの証明として、候補者Xが不道徳であることが（事実かどうかはともかく）提示されています。二番目のケースでは、候補者Xの主張が誤りであることが勝手に決めつけられ、候補者Xが不道徳であることの証明として提示されています。

現代の知的弱肉強食の風土において、この二番目の論法が、他のどの不合理な論法より頻繁に用いられます。私たちはこの論法を誤謬の一つに分類し、「恫喝論法」とでも名づけるべきです。

恫喝論法の特質は、相手の道徳的自己不信に訴え、相手の恐怖や、罪悪感や、無知を頼みとすることです。この論法は、ある考えを議論抜きで放棄することを要求する、最後通牒の形を取ります。そこで使われるのが、「道徳的に恥ずべき人間と見なされるぞ」という脅しです。「そんな考えを持つのは、邪悪な（不誠実な、情のない、感受性の麻痺した、ものを知らない、等の）者だけだ」というのが、この論法のお決まりのパターンです。

恫喝論法の古典的な例は、「裸の王様」の童話です。

この童話のペテン師たちは、「この装束（しょうぞく）はあまりにも美しいので、不道徳な心を持った人には見えない」と主張することで、存在しない装束を王様に売りつけます。このペテンを成功させる心理的な要因に注目してください。ペテン師たちが頼みにするのは、王様の自己不信です。ペテン師たちの主張の内容も、道徳的権威も、王様は疑ってみません。王様は、自分の目で見た証拠を否定し、自分の意識を無効と見なします。自分の心もとない自尊心への脅威に向き合うことから、王様は逃げます。そしてあっさりとこのペテン師たちに陥落し、「たしかに自分にはその装束が見える」と断言してしまうのです。王様は、ペテン師たちが仕掛けた道徳的有罪判決を招く危険を冒すよりも、存在しない装束を見せびらかすために裸で街をパレードすることを選びます。王様の現実逃避がどれほどかが、このことから計り知れるでしょう。パレードを見に集まった人々は、王様と同じ心理的パニックから、競い合うように王様の服の見事さを叫びます。「王様は裸だ」と一人の子供が叫ぶまで。

これはまさに、私たちの身の回りのいたるところでまかり通る恫喝論法のパターンそのものです。

私たちはみな、次のような物言いをくり返し聞かされています。

「利他主義の道徳律を受け入れられないのは、美しい本能が欠落した連中だけだ」「理性が無効になったことに気づかないのは、無知な連中だけだ」「腹黒い反動主義者でもない限り、資本主義を支持したりしない」「国際連合に反対するなんて、戦争屋くらいのものだ」「いまだに自由な社会を理想視しているのは、頭のおかしい過激派くらいのものだ」「人生が下水だとわからないのは、臆病者だけだ」「薄っぺらい連中だけが、美だの幸福だの成功だの価値だの英雄だのを追い求めるんだ」

一つの分野の活動全体が恫喝論法で成り立っている例として、現代美術が挙げられます。現代美術の世界では、秘教の「エリート」だけが持つ特別な洞察力が自分にもあることを証明しようと、シミがついているだけで何も描かれていないキャンバスの見事さを、界隈全員が競い合うように叫んでいます。

精神的に健康な人ほど丸め込まれる

恫喝論法は、公私の二つの形態で今日のコミュニケーションを支配しています。まず、公的な演説や出版物では、冗長でまどろっこしく意味不明の文体の中に蔓延しており、倫理的な威嚇以外に何ひとつ伝達していません。（たとえば「原始的頭脳の持ち主でもなければ過剰な単純化だけが明瞭だということに気づかないことはないだろう」のように。）一方で、私的な日常会話においては言葉もなしに行間に不明瞭な音声として暗黙の含意がやり取りされています。内容ではなく声色によって、言ったことではなく言いかたによって伝えられているのです。

声の調子はたいてい嘲るように、あるいは喧嘩腰に、疑念のニュアンスを伝えるものです。「まさかあなたは、資本主義を支持しているわけではないですよね？」。相手がこの言いかたに怯まず、「支持しています」と適切に答えた場合、以後の会話は次のように続きます。「えぇっ⁉ 嘘でしょう？」「本当です」「でも資本主義が時代遅れなことは誰でも知ってますよ」「私は知りません」「またそんなことを……」「資本主義が時代遅れだと考える理由を教えていただけますか？ 私にはわからないので」「勘弁してくださいよ……」「理由を教えていただけますか？」「まぁ実際、わからない人間には教えようがないな！」

これにずっと伴うのが、吊り上げた眉、目を見開いての凝視、すくめた両肩、うめき声、含み笑いを始めとする、あらゆる非言語的なシグナルです。薄気味悪いほのめかしと感情を伝える、要するに不承認ということだけを伝える非言語的シグナルです。

このような非言語的コミュニケーションが功を奏さず、相手から問い詰められると、彼らの主張にはどんな論拠も、証拠も、証明も、理由も、土台もないことがわかります。彼らのやかましさや強気さは、中身のなさのカムフラージュであることがわかります。恫喝論法は、知的不能の告白であることがわかります。

「わかる人には説明不要、わからぬ人には説明不可能」という決まり文句が恫喝論法の元祖だというのは明らかです（現代の新神秘主義者たちに訴求する理由もこれです）。

恫喝論法の心理的なみなもとは、世間至上主義的な形而上学です。[*1]

世間至上主義者とは、他人の意識を、現実や自分の意識よりも上位に位置づける者です。自分に対する他人からの道徳的評価が、真実や事実や合理性や論理を押しのけ、第一の関心になっている者です。世間至上主義者にとって、他人からの不承認は、自分の意識が衝撃で崩壊しかねないほど圧倒的な恐怖です。だから世間至上主義者は、行きずりのペテン師の道徳的承認を得るために、自分の目で見た証拠を否認し、自分の意識の有効性を否認するのです。「そんなことを言ってると、自みんなから嫌われるぞ！」という忠告で知的議論に勝とうとするなどという不条理を思いつくのは、世間至上主義者だけです。

厳密に言うと、世間至上主義者は意識的に恫喝しようとするのではなく、自分の心の中で本能的に恫喝を見つけるのです。というのも、それが世間至上主義者の認識心理的生き方だからなのです。次のようなイライラさせるタイプの人に、みなさんも会ったことがあるでしょう。相手の話の内容を聞くのではなく、相手の声の調子から相手の感情を読み取り、読み取った感情を「承認か不承認か」懸命に翻訳して、翻訳した結果が「承認」か「不承認」かによって相手への応答を決めるタイプの人です。これはある種、自分自身への恫喝論法です。世間至上主義者は人と会うとき、たいていこの自分自身への恫喝論法に屈しています。だから世間至上主義者は、自分に同意しない人に遭遇して自分の前提を疑われると、自分が最も恐れる武器に反射的に頼ります。その武器とは、

＊1　ナサニエル・ブランデン「Social Metaphysics」（「オブジェクティビスト・ニューズレター」一九六二年十一月号）参照[訳注1]

訳注1　ブランデンはランドが言及したエッセイで「世間至上主義的形而上学〔Social Metaphysics〕」を次のように説明している。《〔……〕「形而上学〔metaphysics〕」とは、現実の本来的性質についての見かたです。このような人にとって、現実とは人々です。このような人の頭脳（思考、あるいは意識の自動的な連結）の中では、合理的な人の頭脳の中で現実が占めている地位を、人々が占めているのです。》《だから「世間至上主義的形而上学」とは、「客観的現実ではなく、他人の意識を最上位の認識心理的な準拠枠とする人を特徴づける、心理症候群」と定義し要約できるでしょう。》

道徳的承認の撤回です。
精神的に健康な人はこんな恐怖になじみがなく、免疫がないために恫喝論法にしてやられることがあります。精神的に健康な人には、この論法を用いる者の動機が理解できません。この論法が、無意味なハッタリに過ぎないということが信じられません。だから相手の自信ありげな態度や喧嘩腰の物言いの裏には、何か根拠になる知識や理由があるのではないか、と考えてしまいます。この疑念は、恫喝論法の使い手に有利に働きます。精神的に健康な人は困惑して、何も言い返せなくなってしまいます。だから若い人、無垢な人、真面目な人ほど、世間至上主義者に言いくるめられるのです。
特に顕著なのが、大学の教室です。自分の頭で考える学生を抑えつけたり、自分が答えられない質問から逃げたり、自分の恣意的な仮定を批判的に分析されないようにしたり、知的現状から離反させないようにするために、恫喝論法を使う教授は大勢います。
「アリストテレス？　あのねぇ……」（うんざりしたようなため息）
「君がスピフキン教授の論考を読んでいたらねぇ……」（うやうやしく）
「『知識人』誌一九二二年一月号に載った論考だよ……」（馬鹿にしたように）
「どうやら読んでいないようだがね……読んでいたら知ってるはずだからね……アリストテレスが誤っていたことは証明済みなんだよ？」（いきいきと）
「X教授？」（Xは傑出した自由主義経済理論家の名前）

「君はX教授を引用するの？　おいおい冗談だろ？」」。そして、X教授の信用はすでに地に落ちていることを伝えるための嘲り笑い（誰がX教授の信用を地に落としたのかには触れぬまま）。

教室の「リベラル」なチンピラ学生たちが、このような教師を援護しようと、適切なタイミングで爆笑するのもよくある光景です。

今の政治の世界では、恫喝論法がほぼ唯一の論法になっています。政治に関する議論のたいていが、中傷と謝罪や恫喝と慰撫で占められています。前者をよく使うのが主に「リベラル」であり、後者をよく使うのが「保守」です。この点で最上位に立つのが、これら両方を使う「リベラル」な共和党員です。彼らは仲間の共和党員に対しては前者を使い、民主党員に対しては後者を使っています。

あらゆる中傷は恫喝論法の賜物です。中傷とは、証拠も証明もなしに、証拠や証明の代わりとして、侮蔑的な発言をくり広げたものです。それを聞く人たちの倫理的臆病や無思考な人の良さを、当てにしているのです。

恫喝論法は、新しいものではありません。いつの時代にも、どの文化でも使われてきました。しかし、今日ほど幅広く使われたことはまれでした。最も露骨に使われているのは政治の分野ですが、他の分野でも使われています。この論法は、私たちの文化全体に浸透しています。これは文化が破綻する兆候です。

恫喝論法にどう対抗するか

恫喝論法にはどう対抗すればよいでしょう。武器は一つしかありません。道徳的確信です。知的な闘いに参戦するときは、敵の承認を得ようとしたり、望んだり、期待したりしてはいけません。大きな闘いか、小さな闘いかは問いません。公的な闘いか、私的な闘いかも問いません。真か偽かだけが関心対象であり、判断基準でなければなりません。誰かに承認されるかどうかは、関心対象にも判断基準にもしてはいけません。特に、自分と対立する基準を持つ者たちからの承認を関心対象や判断基準にしてはいけません。

恫喝論法は、知的議論に道徳判断を持ち込むことではなく、知的議論の代わりに道徳判断を下そうとするものであることを強調しておきます。たいていの知的議論において、道徳評価は暗に含まれています。適切な場とタイミングで道徳判断を下すのは許されるばかりでなく、必須なのです。そういう判断を控えるのは道徳的臆病のなせるわざです。しかし、道徳判断は常に理性的議論の結果でなくてはならず、それに先立ったり取って代わったりしてはならないのです。

自分の判断の理由を述べる人は、自分の判断に対する責任を引き受け、自分自身を客観的な審判にさらしています。理由が間違っていた場合は、その結果を引き受けることにもなります。これに対して、理由抜きに非難するのは無責任な行為です。それは一種の道徳的「ひき逃げ」です。そしてこれこそが、恫喝論法のエッセンスなのです。

この論法を使う人たちを観察してみてください。彼らは、理路整然とした道徳的非難をどんな攻撃より恐れます。道徳的確信を持った論敵に遭遇すると、彼らは「知的な議論に道徳を持ち込むべきじゃない」と声を荒らげます。しかし、中立を装って悪を論じるのは、悪を是認するのと同じことです。

恫喝論法を見ていくと、なぜ自分の前提と道徳的な立ち位置を確信することが大切なのかがよくわかります。しっかりと基礎づけられて明確で首尾一貫した信条を持たずに、未知で未確認で未定義で無証明の、気分や希望や恐怖だけに支えられたランダムな概念だけを武器に無鉄砲に知的論争に飛び込む人たちを待ち受ける知的な落とし穴がよくわかります。そういう人たちにとって恫喝論法は復讐の女神ネメシス[訳注2]の罰です。道徳的・知的論争においては、正しいだけでは足りません。正しいと知っていなくてはならないのです。

恫喝論法への適切な答えかたとして最も輝かしい例は、自分自身の正しさを完全に確信して敵の道徳基準を拒絶した、アメリカ合衆国の歴史上の人物による次の発言です。

「これが反逆なら、最大限に活用すべし」

（一九六四年七月）

訳注2　ギリシア神話に登場する女神。ヒュブリス（神に対する侮辱となる傲慢さ）に報復する。転じて「傲慢さへの罰」の意。

［著者］
アイン・ランド Ayn Rand（1905-1982）
アメリカの作家、思想家。サンクト・ペテルブルク生まれ。1926年アメリカに単身亡命。『われら生きるもの』（1936年）で小説家デビュー。個人主義と全体主義の対立を描く長編ロマンス『水源』（1943年）がベストセラーになり、名声を確立。資本主義の道徳性を示す長編SFミステリー『肩をすくめるアトラス』（1957年）は現在までに23カ国語に翻訳され、累計販売部数は880万に達する。オブジェクティビズム（客観主義）哲学を創出し、小説やエッセイを通じて表現して自らそれを実践し続けた。その独自の思想はアメリカを中心にして世界中に広まり、リバタリアニズムと呼ばれる自由至上主義運動にも多大な影響を及ぼしている（ただしアイン・ランド自身はリバタリアニズムを完全否定し、自らの思想と同一視されることを拒絶した）。

［寄稿］
ナサニエル・ブランデン Nathaniel Branden（1930-2014）
心理療法家、作家。14歳で『水源』を読みランドの思想を信奉。20歳のとき、ランドから自分の哲学を最も正確に理解した読者として認められる。28歳からオブジェクティビズムの伝播活動を主導し、38歳でランドと決別。その後は心理療法の研究者・実践家として活動し、自尊心の心理に関する著作を多数発表した。

［監訳者］
田村 洋一 Tamura Yoichi
教育家・組織コンサルタント。メタノイア・リミテッド代表。『組織の「当たり前」を変える』（ファーストプレス）、『人生をマスターする方法』（ライブリー・パブリッシング）、『プロファシリテーターのどんな話もまとまる技術』（クロスメディア・パブリッシング）、『ディベート道場　思考と対話の稽古』（Evolving）など著書多数。翻訳書にロバート・フリッツ著『偉大な組織の最小抵抗経路 リーダーのための組織デザイン法則』、『Your Life as Art 自分の人生を創り出すレッスン』（ともにEvolving）などがある。

［訳者］
オブジェクティビズム研究会 Objectivism Study Group

SELFISHNESS
自分の価値を実現する

2021年5月28日　第1刷発行

著　　者　アイン・ランド
監 訳 者　田村 洋一
訳　　者　オブジェクティビズム研究会
発 行 者　糸賀 祐二
発 行 所　Evolving合同会社
〒300-1155　茨城県稲敷郡阿見町吉原572-17
http://evolving.asia
e-mail info@evolving.asia

DTP　マーリンクレイン
装丁　柴田琴音（Isshiki）
印刷・製本　中央精版印刷株式会社

ISBN978-4-908148-22-4

自意識（アイデンティティ）と創り出す思考

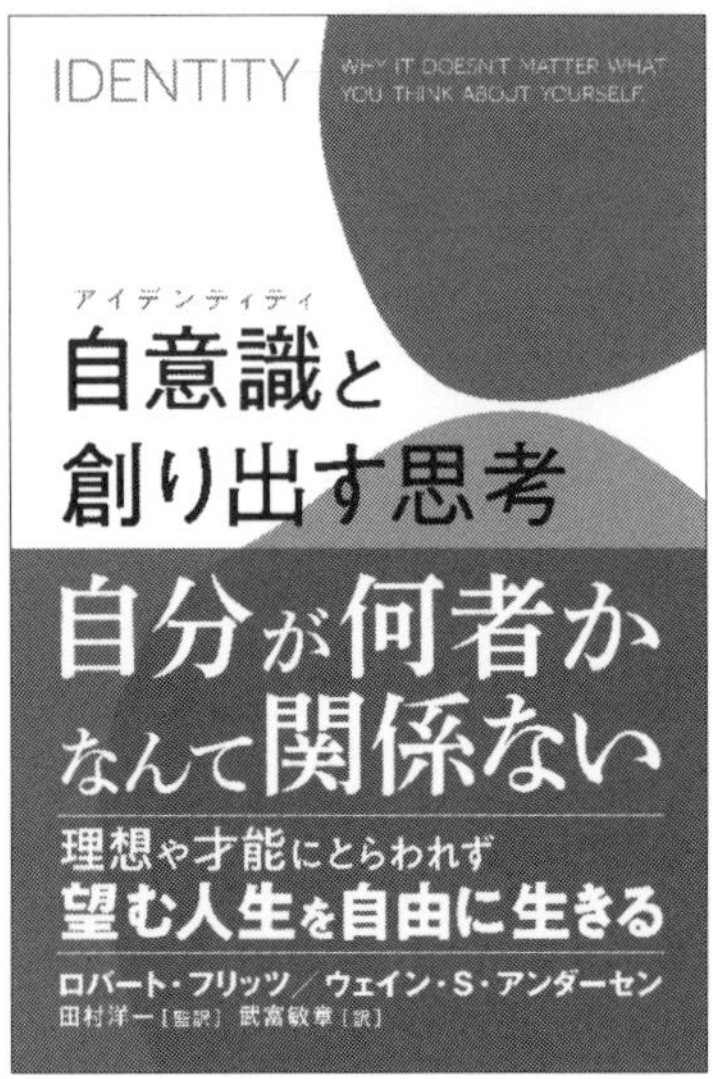

人生やビジネスを創り出すのに自分が何者かなんて関係ない！
理想や才能にとらわれずに望む人生を生きる

【自意識(identity)とは】

自分は何者だ、自分はこうだ、と自分自身について思っていること。自意識を強く持っていることによって学習が阻害され、本来の創造行為が妨げられる。また、成功しても自意識の問題によって逆転が起こり、成功が長続きしない。自意識とは何か、どうしたらいいのか、が本書のメインテーマである。

【本文より】

読者の中には、いい自己イメージが大切だとずっと聞かされ続けてきた人もいるかもしれない。

しかし本書を読むうちに、自己イメージなど全く大切ではないということがわかるだろう。

本当に大切なのは、いかに効果的に自分が生きたい人生を構築できるかなのだ。

本書では、そのことを構造的、精神的、心理的、医療的、そして生物学的次元で次々と解き明かしていく。

- ロバート・フリッツ ウェイン・S・アンダーセン 著
- 武富 敏章 訳　田村 洋一 監訳　◘四六判　◘ソフトカバー